내 방에 나를 두고 왔다

고은경, 글_썽, 김가슬, 김은정, 나리
다나 아람다리아 이솔, 이소정, 이지이지, 전지적 아아

사물과 함께 존재함에 관하여

| 내 방에 나를 두고 왔다
| 여는 글

 생각은 그냥 스쳐 지나갈 뻔했다. 무슨 일이든 내게 소중한 것은 언제나 가까이 있었다는 걸 모른 채 살아갈 뻔했다. 내 방의 사물이 나에게 말을 걸기 전까지.

 방에 무심히 앉아 천천히 구석구석 살피자, 생각이 방 안을 가득 채운다.

 소파, 책상, 비상 상비약, 일기장, 충전기, 의자, 잠옷, 창문, 책, 청소기, 장롱, 향수, 달력, 인형, 빗, 사진, 바닥 매트, 스피커, 조명, 커튼, 옷, 머그잔, TV, 꽃병, 시계, 거울, 베개, 휴지통.

 행복했던 순간이 떠오르는 어떤 사물, 슬펐던 순간이 떠오르는 어떤 사물… 일상에 존재하는 다양한 사물은 나를 여러 갈래의 기억으로 안내한다.

좀 더 넓은 방을 가지고 싶던 답답한 때도 있었고, 공허한 듯 아무것도 없는 빈 감정을 느꼈던 적도 있었다. 고단했던 순간이 있었지만, 열정이 넘치고, 사랑했고, 설레었고, 편안했던 많은 순간이 나를 방 안에 존재하게 했다. 계절의 변화에 따라, 감정의 흐름에 따라 때때로 방의 모습이 변하긴 했지만, 방은 언제나 내 마음의 안식처였다. 들어갈 곳이 있다는 것, 나오지 않고 쉴 곳이 있다는 것, 오랜만에 만난 친구처럼 아무 말하지 않아도 이해받는 느낌, 우린 진심으로 오랜 친구였을지도 모른다.

눈길이 닿는 곳마다 이야기가 머무는 내 방으로 당신을 초대한다. 쌓인 이야기가 많은 내 방에 잠깐 들어와 머물다 가길.

고은경, 글_쎙, 김가슬, 김은정, 나리
다나 아람다리아 이솔, 이소정, 이지이지, 전지적 아아

목차

4   여는 글

11   소파 • 내 생애 가장 행복했던 순간
13   책상 • 나에게 주는 선물
16   비상 상비약 • 미래는 사치품
19   일기장 • 만나기 싫은 진실
22   충전기 • 우리 집 고속 충전기
24   의자 • 언니와 나의 의자
26   잠옷 • 나의 마음이 들리나요?
29   창문 • 끝나지 않는 연극
33   책 • 다시, 책
38   청소기 • 독립은 번거로운 것
41   장롱 • 그 사람이 궁금하면 장롱을 보아라
43   향수 • 나는 향으로 존재한다
45   달력 • 쉼이 필요한 시기
50   인형 • 오래오래 부탁해

53 빗 • 작은 빗 하나에도 추억이 그렁그렁

56 사진 • 사진이 들려주는 옛이야기

59 바닥 매트 • 매트 위에서

63 스피커 • 70살까지 하겠습니다

66 조명 • 네 생각은 어때

69 커튼 • 비밀 없이는 못 살아

73 옷 • 중요한 건 그 안에 담긴 것

76 머그잔 • 일 년에 머그잔 하나

81 TV • 가지 못한 길을 돌아보며

84 꽃병 • 꽃병은 말이 없다

87 시계 • 너는 자고 나는 깨어 있다

89 거울 • 나를 들여다보는 시간

92 베개 • 엄마의 베개

95 휴지통 • 공간의 뒷모습

108 닫는 글

※ 작가 별 키워드 안내

고은경 : 책상, 옷, 거울
글_쎙 : 일기장, 사진, TV
김가슬 : 충전기, 빗, 바닥 매트, 휴지통
김은정 : 창문, 꽃병, 베개
나리 : 소파, 향수, 조명, 시계
다나 아람다리아 이솔 : 책, 머그잔
이소정 : 의자, 장롱, 달력
이지이지 : 잠옷, 인형, 스피커
전지적 아아 : 비상 상비약, 청소기, 커튼

※ 이 책은 아홉 작가의 글이 골고루 섞여 있습니다. 페이지 하단에 글의 작가명이 표기되어 있습니다.

※ 글은 순서대로 읽으셔도 좋고, 불특정한 페이지부터 읽으셔도 괜찮습니다.

소파

내 생애 가장 행복했던 순간

 이사하고 가장 먼저 산 것은 3인용 소파였다. 엄마, 언니 그리고 내가 꼭 붙어 앉으면 딱 맞는 크기였다. 하루 이틀 시간이 흐를수록 소파는 우리의 일상에 자연스럽게 스며들었다.

 평일 오후에는 TV를 보며 달콤한 낮잠을 즐기는 엄마를 위한 1인용 소파가 되었다가 저녁에는 나와 엄마의 수다를 위한 2인용 소파가 되었다. 모두가 쉬는 일요일에는 일주일의 피로를 풀 만큼 충분히 잔 후 느지막하게 아침을 먹고 소파에 앉아 커피를 마셨다. 주로 언니가 일일 바리스타가 되었다. 미술 전공자로 손끝이 섬세해 커피를 맛있게 내린다는 게 내가 언니를 바리스타로 추대한 이유였다.

 향긋한 커피를 한 모금 마시고 기분이 좋아진 우리는 저마다 지난 한 주간 겪었던 일들을 늘어놓기 시작했다. 이때 우리만의 규칙이 있다. 한 명이 얘기하면 그의 말을 끊지 않고 다 들은 후 내 의견을 말해야 한다. 추임새는 이야기의 흐름을 방해하지 않을 정도만 허용한다. 표정은 최대한 풍부하게 하고 눈은 화자에게 고정한다. 발언권은 3명에게 골고루 돌아간다. 이렇게 대화를 나누다 보면 늘 커피가 모자라 엄마가 리필을 요청한다. 그럴 때는 두 번째 바리스타인 내가 출동한다. 우리의 수다는 향기로운 커피와 안락한 소파의 도움을 받아 끊임없이 계속된다.

엄마는 그때가 지금까지 살아온 날 중에서 제일 행복했던 시절이었다고 말했다. 엄마가 그 말을 할 때마다 나는 늘 말없이 듣고 있었다. 엄마의 인생 전체에서 가장 행복했던 시절이 그토록 찰나와 같다는 것이 슬펐다. 한편으로는 그 안에 내가 속해 있음이 기뻤다. 입 밖으로 내뱉으면 눈물이 나올 것만 같아 꾹 참았지만, 그 순간이 내게도 가장 행복했던 순간이었다고 마음속으로 말하고 또 말했다.

책상

나에게 주는 선물

 쉬는 날, 소파에 앉아 무심코 집안 곳곳을 바라보았다. '여기는 애들 놀이방, 여기는 침실, 여기는 애들이 잠자는 방, 거실과 주방은 우리 가족 모두가 사용하는 공간이고… 음…' 그렇게 집안을 바라보며 깊은 생각에 잠겼다. 생각해 보니 집안 어떤 곳도 나만의 공간은 없었다. 바쁜 일상과 혼란스러운 생활에 파묻혀 그런 공간을 마련하지 못했다.

 마음에 드는 책을 읽으며 여유롭게 시간을 보내고 싶어도 식탁이 아니고서야 그럴 공간이 없었다. 내 주변은 항상 시끄럽고 북적거렸다. 항상 가족들이 내 주위로 모여서 소란스럽게 지냈으니, 내가 원하는 조용하고 평온한 시간을 가질 수 없었다.

 온종일 회사에서 일하고, 집에 돌아와서는 가사일, 가족들을 돌보느라 정신없는 일상을 보냈다. 무한 반복되는 똑같은 일상. 그러다 잠시 혼자 있는 시간에 놓이자 생각이 많아졌다. 나만의 쉼

공간이 필요했다. 내가 필요로 하는 것, 나의 소중한 가치를 잊고 살아왔다는 것을 느끼고 변화를 결심하게 되었다. 그래서 나만의 책상을 마련하기로 했다. 나에게 새로운 시작을 약속하는 것이었다.

 어느 방을 나만의 공간으로 하면 좋을지 물색했다. 하지만 방의 용도가 이미 정해져 있었고, 누구 하나 포기하지 못했다. 더 큰 집으로 이사 가기에는 주머니 사정이 어려웠다. 지금 사는 집은 작고 협소해서 공간을 마련하기에는 부족한 것 같았다. 갑자기 우울감에 휩싸였다. 어린 시절부터 난 나만의 공간이 없었다. 동생들과 부모님, 그리고 할아버지까지 함께 사는 집에서 그런 공간을 마련하기란 쉽지 않았다. 많은 사람들 사이에서 혼자만의 시간을 갖는 것은 거의 불가능했다. 그때의 답답함, 그리고 속상했던 마음이 다시금 떠올랐다.

 무작정 안 쓰는 낮은 책상을 안방 한구석에 옮겼다. 몽글몽글 내가 좋아하는 테이블보를 깔고 그 위에는 소중한 책들을 쓰러지지 않도록 벽에 기대어 세웠다. 하나둘씩 예쁜 소품들도 자리 잡았다. 매달 적은 금액을 모아서, 내가 꿈꾸는 나만의 공간을 마련하기 위해 노력했다. 핑크색 귀여운 연필꽂이와 화사한 봄 향기 풍기는 꽃과 꽃병, 노트북까지 새로 장만하고 나니 기분이 산뜻했다. "그래 이 정도면 충분하지 뭐!"

아침에 일어나서, 그리고 잠자기 전에 난 내 책상에 앉아 나와의 시간을 보낸다. 책상 앞에서 책을 읽고, 글을 쓰며 내 안의 생각을 정리하기도 한다. 평화와 안정을 주는 나의 안식처, 나는 앞으로도 내 책상에서 많은 것을 배우고, 많은 것을 느낄 것이다. 내가 나에게 마련해 준 선물이 꽤나 만족스러워 저절로 웃음이 난다.

비상 상비약
미래는 사치품

 혼자 사는 것에 대단히 만족하고 있다. 가끔 이런 이야기를 하면 외롭지 않느냐고 말하는 사람들이 있는데, 외로운 것은 인간이 가지고 있는 근원적인 감정이라 사람들 사이에서도 외로운 사람은 외롭다. 외로움보다 혼자 있는 시간이 더 소중하고 중요하기 때문에, 외로움은 감내해야 하는 비용일 뿐이다. 혼자 지내면서 주말을 오롯이 외부와 나를 최대한 차단한 채 간단한 집안일만 하고 쉬는 경우가 많다. 그래야 5일간 바깥 생활에서 쓸 힘이 저장되는 느낌이다.

 혼자 살면 외로움보다 더 힘든 것이 있다. 바로 아픈 것. 아플 때 혼자 나를 돌볼 수 있거나, 주변에 가끔 들여다봐 줄 사람이 있다면 영원히 혼자 살지도 모르겠다. 주변에 혼자 사는 사람들과 이야기를 해보면 다들 이 부분이 가장 힘들다고 한다. 이미 대학교 때 기숙사에서, 룸메이트도 들어오지 않는 주말에, 혼자 몸살을 앓으면서 나중에 혼자 살면 비상 상비약을 잘 쟁여야 한다고 깨달았다. 그렇지만 아직 집에는 비상 상비약이 없다. 지난해 코로나19에 걸려서 근육통 때문에 기침할 때마다 등에서 올라오는 고통에 몸부림치면서 진짜 비상약 사놓겠다고 다짐했다가, 다 낫고 나서는 약을 사놓기 주저한다. 비상 상비약이 쓰일 일이 많지 않다 보니 거기에 돈을 쓰는 것이 아까웠다. 나중에 쓸 때 약을 찾으면 유통기한이 지났고, 그러면 어차피 약국을 가거나 병원을 가야 한다. 그래서 비상 상비약은 약간 사치품 같다는 느낌을 지울 수 없다.

앞으로 다가올 인생을 대비하는 것은 사치일지도 모른다. 마치 비상 상비약처럼. 현재를 살아가기도 벅찬 사람에게는 더더욱 힘든 일일 것이다. 한 치 앞도 모르는 것이 사람 인생인데, 1년 뒤, 10년 뒤를 예상하고 대비하는 일에 쓸 에너지가 사실 남아 있지 않다. 일상을 꾸리고 조금이라도 에너지가 더 남는다면 회복하는 힘에 전부 쏟고 있다. 오은 작가는 자신의 시에서 '힘든데도 힘들여 힘을 내야 한다'는 구절을 사용했다. 힘을 내기 위한 힘. 마중물 같은 힘. 그 여분의 힘을 미래를 위해 쓰면 당장 내일 살아갈 에너지

전지적 아아

가 부족하다.

그래도 우리는 다가올 인생을 대비하는 데 에너지를 사용할 수밖에 없다. 특히 혼자 살고 있는 '우리'는 말이다. 비상 상비약처럼. 사용 기한이 지나서 버려지더라도, 상비약 통을 최신화해서 잘 채워놓으면 1,2년에 한 번쯤은 요긴하게 잘 사용할 수 있다. 『걱정하는 일에 90은 일어나지 않는다』라는 책 제목이 있는 것처럼 우리가 하는 미래에 대한 걱정 대부분은 쓸데없는 걱정일지도 모른다. 뒤집어 말하면 10은 반드시 일어나는 일이다. 그 10을 위해 90을 낭비하더라도 비상 상비약 쟁이듯, 에너지를 써야 하는 것이 우리의 인생일지도 모른다.

그렇게 쓰는 에너지가 아까워 미래를 대비하지 않고 있는 나. 언젠가 큰코다칠 것 같다.

일기장

만나기 싫은 진실

 아침에 일어나서 밥 먹고, 친구들과 혹은 형제들과 놀다가 점심을 먹었다. 다시 혼자서 꼼지락대거나 집으로 놀러 온 친구 몇과 어울렸다. 엄마 곁에서 저녁 밥상을 차리는 것을 도운 후, 저녁을 먹고 형제들과 놀다가 잤다. 학교에 가지 않는다 뿐, 그날이 그날 같은 놀고먹는 일상을 일기로 써야 하는 초등학교 시절의 방학은 끔찍하게 싫었다. '오늘 일기는 내일 쓸 때 같이 써야지.' 굳은 결심을 해놓고 다음 날 밤이면 어김없이 나라를 위해 목숨을 바치겠다는 국기에 대한 맹세처럼 '내일 써야지'를 단단하게 다짐만 했다. 그런 날들이 이어지고 개학을 1주일쯤 앞두면 친구들과 나는 비상이 걸렸다. 같이 놀아도 같은 내용의 일기를 쓸 수 없다는 눈치 정도는 있었다. 가장 큰 문제는 날씨를 적는 것이었다. "그날 바람이 불었어? 난 비가 왔다고 했는데…." 난리법석이었다. 어중이떠중이들끼리 모여 머리를 맞대고 우리끼리 맞추자며 작당을 하곤 했던 초등학생들의 일기 쓰기였다.

『안네의 일기』라든지 『난중일기』에 대해 배울 때는 '왜 남의 일기를 책으로 만들지?' 의아했다. 중학생 이후부터는 일기라는 말 자체로 벌써 사생활 운운하면서 일기 쓰기를 꺼려했다. 예민했던 십대의 지극히 사적인 감정과 속내를 남겼을 때 행여나 내가 죽은 뒤에 후손들이 내 일기장을 책으로 낼지 모른다는 설레발을 쳤다.

일기다운 일기 쓰기는 결혼을 한 이후부터였다. 바쁜 남편을 밤늦도록 기다리면서 그리운 임을 향한 춘향이 심정으로 그날의 일들과 감정을 남겼다. 아이를 가진 후에는 몸의 변화와 기다리는 엄마의 마음을 태교 일기에 썼다. 출산 후에는 태교 일기의 2편으로 육아일기를 썼다. 매일 쓸 수밖에 없는 것은 똑같은 일상이지만 눈 깜짝할 사이에 달라지는 아이의 일상을 잊어버리기 싫었기 때문이다. 웃어도 울어도 기록했다. 두 팔과 다리를 들고 휙휙 저어대는 것도 신기했다. 웩웩 토하고 황금색 똥이 쑥색으로 바뀌면 아이의 건강에 어떤 변화가 있었는지도 적었다. 육아일기는 내 아이가 자라는 역사이기도 하지만 엄마가 나를 키울 때 경험했던 일을 공유하면서 나도 엄마가 된다는 것을 실감하는 것이었다. 아이는 엄마의 손맛으로 다독여지고 다듬어지는 존재였음을 깨달았다.

 지금도 펜을 꾹꾹 눌러서 쓰는 일기장을 쓴다. 블로그에도 일기를 남긴다. 일기장이 성장을 위한 자아 성찰용이라면, 블로그는 소소한 일상을 이웃들과 나누는 공간이다. 일기장들을 내 힘으로 정리하지 못한 채 이 세상을 떠났을 때를 상상해 보면 겁이 난다. 남편과의 다툼이나 아들의 사춘기로 마음이 들끓었을 때의 일 등, 두 아들의 손에 남은 엄마의 일기 속에서 가슴 아픈 일들을 발견하고 자책할까 두렵다. 그런 순간은 살면서 절대로 만나지 않아야 하는 일일 것이다.

충전기

우리 집 고속 충전기

 그런 날이 있다. 끝이 보이지 않는 바닥으로 마음이 하염없이 처지고 가라앉는 날. 가만히 있으면 나도 모르게 눈물이 주르륵 흘러내릴 것만 같은 날. 일도 육아도 모두 잘하는 슈퍼우먼이고 싶지만, 현실 속 워킹맘인 나는 여기도 미안하고 저기도 미안한 마음뿐이다. 매일을 치열하게 살아가는데 실상은 이도 저도 아닌 어중간한 삶인 것만 같아 속상하다. 순간 삶이 버겁게 느껴지며 눈앞이 뿌예진다.

 눈물이 앞서기 직전에 목소리를 가다듬고 외친다. "고속 충전!" 내 주변을 맴돌며 엄마의 마음을 살피던 아이들이 쪼르르 달려와 둘이 동시에 힘껏 나를 안아준다. 그럼 정말이지 아이들 마음속 어딘가와 내 마음속 어딘가가 연결돼 고속 충전되는 것처럼, 마음 깊은 곳에서부터 점점 기운이 차오른다. 눈물은 슬며시 자취를 감추고 입가엔 옅은 미소가 번지며 이내 함박웃음으로 변한다. 아이들이 꼬옥 안아주는 것만으로도 순식간에 마음과 몸에 활력이 돈다. 우울한 생각은 도망가고 다시 마음의 균형이 잡힌다. '괜찮아, 난 잘하고 있어!' 역시 우리 집 으뜸 충전기는 단연 둥이들이다.

오늘은 새 날을 시작하는 아이들을 위해 내가 고속 충전기로 변신하는 날이다. 살짝 긴장한 아이들의 손을 꼭 잡는다. 손의 온기를 통해 속엣말을 전한다. '다 괜찮아! 걱정마! 넌 할 수 있어!' 맑은 하늘과 단단한 땅과 봄바람의 기운을 그러모아 온 마음으로 아이들을 안는다. 하늘아, 땅아, 바람아. 나와 함께 아이들에게 기운을 전해주렴!

김가슬

의자

언니와 나의 의자

사람마다 성격이 모두 다르듯이 가족인 우리 언니와 나는 성격이 정반대다. 요즘 흔히 말하는 MBTI로 소개하자면, 나는 외향형 E 언니는 내향형 I다. 나는 집에서 활동적이고, 언니는 집에서도 정적이다.

그날이었다. 언니는 의자에 앉아 공부하고 있었다. 난 심심해서 언니가 앉아 있는 의자에 비집고 들어가 같이 앉았다. 그러다 문득 의자 손잡이 틈으로 내 몸이 통과할 것만 같다는 생각이 들었고 궁금했다. 그렇게 난 손잡이 틈으로 내 몸을 구겨 넣다 머리가 끼어버렸다. 살려달라 외치자 의자에 앉아 공부하고 있던 언니도 깜짝 놀라 벌떡 일어나고, 요리하고 있던 엄마와 낮잠을 주무시던 할아버지도 깜짝 놀라 방안으로 모였다. 119에 신고하려던 찰나에 할아버지가 의자 손잡이에 꽉 낀 나를 꺼내주었다. 놀란 가슴 모두 쓰다듬어 내리고 나서 한바탕 웃음이 터져버렸다.

시간이 지나고 나서도 이해가 되지 않았다. 어떻게 언니는 의자에 가만히 앉아 공부했을까? 난 의자에 앉아 공부하다가도 컴퓨터도 하고, 드라마 영화도 보고, 책도 좀 보고, 밥이나 간식도 먹고. 그러다 보면 엉덩이가 불편해 일어나서 온 집 안에 방을 돌아다녔다. 의자에 앉는 자세는 또 어떠한가? 허리를 세워 바르게 앉아 있기는 잠시, 한쪽 다리를 의자에 올려 앉거나 의자 위로 양반다리를 한다거나 두 다리 모두 책상 위에 올리고 있다.

이렇게 의자를 두고 언니와 나의 모습은 정말 달랐다. 그래도 유일하게 의자에서 엉덩이가 떨어지는 순간이 같을 때가 있다. "밥 먹자." 아빠의 목소리가 들릴 때다.

잠옷

나의 마음이 들리나요?

 잠옷은 나에게 가장 가깝고 친밀한 존재다. 통풍성이 좋고 냉감이 느껴지는 까실 찹찹한 질감의 비단과 닮은 부드러운 인견 원단을 좋아한다. 얇고 시원한 재질의 인견 잠옷을 외할머니께서 나를 위해 손수 만들어주셨다. 잠옷이 있는 서랍장을 열 때마다 외할머니 생각을 한다. 화려한 색감의 호랑나비의 패턴이 그려진 잠옷은 어깨 레이스가 달려있다. 그 작은 장식 하나하나가 외할머니의 정성과 사랑을 담아내고 있었다. 꼼꼼하게 바느질을 한 외할머니의 손길로 만들어진 잠옷을 소중히 간직하고 싶다. 오래되어 낡았지만 나에게는 특별한 잠옷이기에 버리지 못하고 아껴 입고 있다.

 병상에 오래 누워 계셨던 외할머니께 병문안을 가면 두 눈에 가득 눈물이 고여 나를 보셨던 그 모습에 나도 눈시울이 붉어졌다. 무슨 말씀이 하고 싶으셨을까… 아무 말도 못 하고 외할머니와 나는 붉어진 눈시울로 마음을 전했다. 외할머니께서 건강하셨을 때 마지막 기억은 집안일로 울면서 외할머니께 화를 냈던 것이다. 화를 내고 울면서 소리를 질렀다. 외할머니도 울고 나도 울고 그때가 외할머니의 살아생전 온전하실 때 마지막 통화였다. 그때를 생각하면 외할머니께서 기억하시는 손녀의 마지막 모습이 슬픈 기억으로 고스란히 남은 것 같아 죄송스럽고 마음이 아팠다. 이제 외할머니는 더 이상 이 세상에 계시지 않는다. 약 10년 동안 병상에 계셨다가 코로나가 잠잠해진 추운 계절 우리 곁을 떠나셨다. 외할머니께서 떠나신 후 소중함을 느끼는 못난 손녀다.

만들어주신 잠옷을 보며 외할머니를 생각하며 나를 향한 무한 사랑에 감사한다는 마음을 전하고 싶다. 외할머니의 사랑을 항상 기억하고 만들어주신 잠옷을 소중히 오래오래 간직할 것이다. 외할머니께서 만들어주신 인견 잠옷, 손보다 더 큰 손만두, 달큰한 고깃국, 섞박지 김치 등 외할머니 손길과 사랑, 모든 것들은 언제나 소중하게 기억될 것이다.

이지이지

피자와 빵을 무척이나 좋아하셨던 외할머니. 살아생전 연습장 빼곡하게 글을 쓰시고 손 편지도 많이 쓰신 국어 선생님이셨던 외할머니. 내가 작고 못생겨서 시집을 못 가는 것은 아닌지 걱정하시며 용돈을 모아서 성형시켜 주시겠다던 외할머니. 꼼꼼한 바느질 솜씨로 잠옷, 덧버선 등을 만들어주셨던 외할머니.

 못난 손녀인 나에게 주신 사랑을 기억하고 그리워하며 하늘에 계신 외할머니의 안녕을 기원한다. 나는 오늘 서랍 속 낡은 잠옷을 다시 꺼내어 본다.

창문

끝나지 않는 연극

　1980년대 초반, 대여섯 가구가 모여 살며 공동 수도, 공동 화장실을 쓰던 초록 대문의 집. 우리 가족이 세 들어 살던 집엔 다락방이 있었는데 다락방 창문으로 바깥 풍경이 눈에 들어왔다. 막냇동생의 기저귀가 빨랫줄에 죽 널렸고, 아이들은 그사이를 소리 지르며 뛰어다녔다. 기저귀는 볕 좋은 날, 졸린 듯 꾸덕꾸덕 잘 말라갔다. 그러다 겨울이 되면 오후 내 마르지 못한 기저귀들이 죄다 방안에 널려 움츠렸던 육신을 곤히 펴며 감격의 눈물을 흘리는 것이다. 내가 반장이 되던 날에도 엄마는 동생의 기저귀를 치댔고 내게 얼굴 한번 들지 않으며 반장은 뭐하러 되었냐며 탐탁지 않아 했다.

"우리 집 형편에 반장이라니."

"내가 하고 싶어 하는 거 아니고 우리 반 애들이 나를 반장으로 뽑았어."

　나의 항변에도 엄마는 시큰둥하며 빨랫방망이로 기저귀를 마구 내리쳤다.

'남들은 반장 되면 엄마들이 다 내 새끼 잘한다며 좋아하던데…' 어디나 예외는 있는 법이었다.

 엄마의 환대도 못 받아 울적한 마음이 들어 다락방에 올라갔다. 내가 숨을 곳은 이 공간뿐이었다. 마음이 심란하거나 슬플 때 나는 이곳에 올라왔다. 차라리 장롱 속에 들어가 있을 걸 그랬나. 그랬으면 어디 멀리 다른 세계에 나를 똑 떨구어주지 않을까 하는 엉뚱한 상상도 했다. 그 어디든 지금보다 나을 것 같았다.

 다락방 창문에 빗물이 들이치는 날이 있었다. 밖이 순식간에 캄캄해져도 전혀 무섭지 않았던 것은 '촛불' 덕분이었다. 불도 들어오지 않는 그 다락방엔 늘 촛불을 켰고, 촛불이 감싸 안은 따뜻하고 아늑한 느낌이 좋았다. 그 폭풍우가 지나면 반짝이는 별들의 낭만이, 말간 얼굴의 달이 아무렇지 않게 떠올랐다.

 하지만 그것도 잠시, 어스름 땅거미가 지면, 한낮의 평화롭던 풍경이 일순 조명 꺼진 어두운 연극 무대로 변했다. 아내가 도망갔다며 어린 딸을 구박하던 아저씨와 그 아들을 눈물로 달래던 할머니, 술에 취해 신세 한탄을 일삼던 아저씨의 등장, 눈물로 혼자 노래와 독백을 일삼던 옆집 아줌

마는 어느 날 무대에서 보이지 않았다. 아버지는 술을 거나하게 걸치고 들어와 엄마를 못살게 굴었다. 아들도 못 낳는다며 새장가를 들라던 할아버지와 아들을 낳아도 미역국 한번 끓여주지 않던 할머니, 본인이 딸을 강제 결혼시켜 놓고 출가외인이라고 냉대했던 외조부모, 아버지는 미국 유학까지 갔다 와 원서만 내면 뽑아갔을 대기업, 공기업, 공직 다 마다하고 사업한다고 졸지에 가족 모두 시궁창에 빠뜨렸다. 엄마와 우리 자매들이 영문도 모른 채 진흙탕에서 허우적거릴 즈음 막냇동생이 울어 젖혔다. 동생의 분유를 타서 엄마가 먹이는 사이에 우리는 몰래 분유를 한 스푼씩 떠서 한밤의 아우성 속에 작은 행복을 맛보곤 했다. 분유는 하루 만에 동이 나버려 엄마한테 매를 맞았지만, 엄마 품에 잠들어 있는 남동생은 끝끝내 아무것도 몰랐다.

크고 작은 삶의 애잔함 속에 일상의 공포가 드리워진 밤의 무대. 사람들은 어찌할 수 없는 인생 한 자락을 쥐고 이둠을 방패 삼아 저마다의 무대에서 열연을 펼쳤다. 야만과 애수의 풍경이 뒤섞여 삶이란 연극은, 끝나지 않은 이야기가 되어 연중무휴 상연되었다. 밤마다 다락방 창문으로 상연된 연극을 지켜본 나는 유일한 어린 관객이었다. 괜스레 모든 것이 서글퍼져 얼른 아침이 오기를 바라고 바랐다.

아침이 되자, 어제의 참극은 온데간데없고 다들 아무 일도 없었다는 듯 일상이 시작되는 그로테스크한 광경이 펼쳐졌다. 간밤의 술에 취한 짐승들은 한낮이 다 되어서야 기어 나와 얼굴을 찡그리며 밥을 달라고 울부짖었다.

어린 관객은 여전히 끝나지 않고 보기에도 민망하고 조잡한 연극을 보며 늘 불안했고 만성두통에 시달렸다. 어린 관객이 보다 못해 열리지도 않는 다락방 창문에 대고 소리쳤다. "이 연극은 희극입니까, 비극입니까?"

책

다시, 책

 한글도 모르던 어린 시절부터 책은 단순한 '물건' 이상의 존재였던 것 같다. 지구라는 별에 태어난 것은 분명 누군가의 실수에 의해서라고 여겨지던 유년기 시절, 세상과 사람 모두 낯설었지만 책만큼은 예외였다. 마치 오래전부터 알고 있었던 것처럼 편안했고 친숙했다. 삶의 빈 공간을 채워주는 든든한 벗이자 스승의 역할을 하며 시기적절하게 따뜻한 위로와 날카로운 충고를 아끼지 않는 것도 책이었다. 혼자 지내는 것을 좋아하면서도 은근히 외로움을 타는 성향인데 그 외로움을 소중히 여기고 즐길 수 있었던 것도 책이 항상 곁에서 함께 했기 때문이었다.

 그래서일까. 기억의 윤곽이 흐릿한 어린 시절을 떠올릴 때면 항상 책과 함께였다. 형제도 없고 TV에도 무관심하던 시절, 집에 있을 때면 습관적으로 책을 꺼내어 들었다. 당시 책이라는 존재는 지금의 스마트폰과 다르지 않았다. 조용한 집에서 책만 집어 들면 미지의 세계가, 살바도르 달리와 같은 예술가들의 흥미로운 작품 세계가 눈앞에 펼쳐졌다. 글자를 모르는 어린 나는 그렇게 읽을 수 없는 책들을 보고 또 보았다.

'ㄱ, ㄴ, ㄷ…'하며 글자를 익힌 기억이 없다. 아이들은 실컷 놀아야 한다고 생각하셨던 엄마는 초등학교 입학을 앞두고도 내게 한글을 가르치지 않으셨다. 그런 엄마를 보며 이웃 사람들이 오히려 더 걱정했다고 한다. 한글을 따로 배우지 않았지만 계속 책을 보며 자라서인지 다행히도 학교 공부는 금방 따라갈 수 있었다. 하지만 문제는 한글이 아니었다. 조용한 집과 달리 시끄럽고 복잡한 학교가 마음에 들지 않았던 나는 학교에서의 시간을 견뎌내기 위해 더욱더 책에 몰입했다. 쉬는 시간은 물론이고 수업 중에 책을 볼 때도 많았다.

그렇게 사랑하고 또 항상 함께했지만 책을 소유의 대상으로 생각해 본 적은 없던 시절이었다. 책은 소유 불가능한 존재였다. 형태를 지니고 만질 수 있는, '책'이라는 명칭으로 불리는 어떤 사물이 아니라, 무형의, 거대한 지혜와 지식이 끊임없이 변화하고 생성하는 유기적 집합체였다. 책이라 불리는 잉크가 빼곡히 박힌 종이 다발은 보이지 않는 세계로, 많은 벗과 스승으로, 한계가 없는 지혜와 지식의 향연으로 나를 연결해 주는 하나의 문에 불과했다. 적어도 20대 초까지는 그랬다.

하지만 어느 순간 모든 것이 변하기 시작했다. 어떤 계기였는지 정확히 기억나지는 않는다. 아마도 시카고에서 공부하고 작업하는 과정에서 일어난 변화인 것 같다. 학교에는 아티스트 북 컬렉션을 위한 공간이 따로 있어 언제든 전 세계 예술가들의 아티스트 북을 열람할 수 있었다. 작은 보물창고 같았던 이곳을 상당히 좋아했던 나는 흥미로운 오브제로서의 책들을 접하면서 더더욱 책의 물성에 빠져들기 시작했다. 이 시기부터 책을 접할 때면 꼭 종이와 종이 위에 앉아 있는 잉크를 빛의 각도에 따라 바꿔가며 살피기 시작했다. 책의 커버와 시그니쳐는 어떻게 만나있는지, 모든 재료가 시너지를 내고 있는지 아니면 불협화음을 내고 있는지 등등. 그렇게, 만질 수 없고 보이지 않는 세계로서의 책은 이제 하나의 물리적 실체를 지닌 존재로 나와 관계 맺게 되었고, 스스로도 알아차리지 못할 만큼 서서히, 애착과 소유의 대상이 되어갔다.

지금 이곳, 작업 공간을 둘러싸고 빼곡히 꽂힌 책들을 바라본다. 지난 이십여 년간 모인 책들의 절반 이상을 나눔하고도 여전히 적지 않은 책들과 함께하고 있다. 아티스트 북과 전시 도록, 관심 있는 작가의 작품집과 존경하는 분들의 말씀이 담긴 책들 등. 애정을 가지고 모으고 선별한 만큼, 일독에 그치지 않고 여러 번 읽고 싶은 책들인 만큼, 이들을 바라보는 나의 마음은 감사와 기쁨만으로 가득할 것 같은데 이상하게도 항상 그렇지는 않다. 종종 마음 한구석이 무겁다. 왜 그럴까. 나도 모르는 사이 책이 이어주던 지(知)의 세계는 너무 당연하게 여기고 책의 물성에 집착하며 애착과 소유욕을 감당할 수 없는 정도로 키워온 것은 아닐까. 책장을 바라보며, 마음으로, 욕심으로, 보이지 않는 손으로 책들을 꽉 움켜잡고 있는 나를 발견한다.

 책의 물성에 대한 관심과 애정을 계속 유지하면서도 나와 책의 관계 맺음을 집착에서 벗어나게 하고 더욱 자유로이 확장할 수 있을까.

 십여 년 전 방문했던 런던 외곽에 위치한 한 숲속 사원에서였다. 이 사원의 뒷산 곳곳에는 자그마한 1인용 오두막이 있었다. 세속에서의 모든 소유물을 포기해야 들어올 수 있는 이곳의 수도승들은 긴 시간 침묵 명상을 할 때 이 오두막을 사용한다고 했다. 함께 방문한 친구들과 사원 주변을 산책하며 잠시나마 외부 창문으로 엿볼 수 있었던 오두막 실내에는 자그마한 좌식 탁자와 그 위에 놓인 책 한 권이 전부였다. 어렵게 창문을 통과한 빛이 그 한 권의 책 위로 고요히 내려앉아 있던 장면을 아직도 잊지 못한다.

지금 당장 책과의 관계 맺음이 내가 원하는 만큼 자유로울 수는 없을지도 모르겠다. 시간이 좀 걸릴 것 같은 예감. 하지만 조급해하지 말아야지. 앞으로는 책장의 책들을 볼 때면 집착의 그림자에 마음이 어두워지기보다는 수행자의 책을 따뜻하게 비추고 있던 한 줄기 빛을 떠올려 보려고 한다. 그렇게, 켜켜이 쌓여 두터울 대로 두터워진 나의 집착과 애착 덩어리를 한겹 한겹 녹여내어 보려 한다.

청소기

독립은 번거로운 것

 독립을 당했다. 개인주의라서 가족과 친밀하게 지내지는 않았지만, 그렇다고 척을 질 정도로 모나게 살지도 않았다. 그런데 어느 날 부모님께서 다른 지역으로 가신다는 것이다. 물론 내가 보기 싫어서 그런 것은 아니고. 외삼촌이 다른 지역에서 고깃집을 연다는데, 같이 하기로 하셨단다. 아버지 건강도 조금 안 좋으신데, 조용한 동네가 더 좋을 것 같다는 판단도 있으셨다. 그렇게 부모님으로부터 독립을 당해버렸다.

 독립하면서 세간을 사야 했다. 냉장고랑 세탁기는 있던 것을 쓰고, TV는 잘 안 보기 때문에 나머지 필요한 가전제품을 샀다. 노트북, 전자레인지, 그리고 청소기. 청소기를 사면서 요모조모 따졌다. 실제 내가 청소기 주 사용자가 되려니 고려할 사항이 많았다. 무선을 할지, 유선을 할지부터 각종 성능과 기능이 눈에 들어왔다. 청소기를 고르면서 내가 주말마다 청소하는 상상에 빠졌다. 햇살이 창문을 통해 들어오는 따사로운 주말, 청소기로 바닥을 돌리고, 물걸레로 한 번 닦은 뒤, 청소기와 걸레를 닦고 뿌듯해하는 내 모습을 그려보았다. 청소를 열심히 할 것이라는 부푼 희망을 가지고 있었다. 물론 밥도 해 먹고, 빨래도 하는 진짜 드라마에서나 볼 법한 1인 가구의 이상적 모습을 그리고 있었다.

그러나 현실은 2주 만에 박살이 났다. 환상이 날아가 버린 여러 장면 중 청소기도 한몫을 했다. 유선 청소기를 샀는데, 청소기로 청소하는 것 자체가 너무 귀찮은 일이었다. 바닥에 있는 물건을 치우고, 책꽂이나 가구 위에서부터 먼지를 제거한 뒤에 바닥을 청소기로 밀고, 물걸레로 마무리를 해야 한다. 게다가 청소가 끝나고 난 뒤에 청소기가 빨아들인 먼지를 제거하기 위해 청소기를 분해하고, 필터를 닦고, 먼지통을 세척하고, 햇볕에 말려서, 다시 조립을 해야 하는 과정을 하다 보면, 차라리 빗자루로 쓸고 닦는 것과 별반 차이가 없다는 생각이 저절로 늘었다. 청소기를 살 때 가졌던 장밋빛 부푼 희망은 그냥 환상에 지나지 않았다.

전지적 아아

청소기를 분해해서 세척하면서 독립이라는 것은 참 번거로운 것이라는 생각이 들었다. 일상을 유지하기 위해 번거로운 것을 기꺼이 해낼 수 있어야 독립을 해서 사람답게 살 수 있겠다는 깨달음을 얻은 것이다. 그러나 그 깨달음을 얻었을 때는 이미 늦었다. 자유를 쟁취하기 위해서는 큰 희생이 따른다. 가족에게서 강제로 해방된 나는 엉겁결에 얻은 자유가 이렇게 혹독한 귀찮음의 대가로 돌아올 줄 몰랐다.

지금은 부모님께서 다시 지금 사는 곳 근처로 오셨고, 청소도 가끔 대신해 주신다. 번거로운 것을 대신해 주는 부모의 마음. 그것이 자식을 사랑하는 마음이라는 생각도 든다. 원래 지구상 모든 생명체는 자신의 생존이 1순위인 이기적인 존재들인데, 쉬고 싶고 편하고 싶다는 마음을 누르고 자식을 위해 기꺼이 자기 시간을 쓰는 것. 내가 쓰기 위해 산 청소기를 쓰는 어머니 뒷모습에서 모성애는 참 위대하다는 생각을 하며 주말 늦은 낮잠을 즐긴다.

장롱

그 사람이 궁금하면 장롱을 보아라

 난 맥시멀리스트로서 맥시멀라이프의 삶을 산다. 맥시멀리스트의 맥시멀라이프란 많은 물건이나 일 등을 늘려가며 내가 가진 것에 만족하는 생활을 하는 것을 의미한다. 물건이 많아지면 지저분해 보이고 일이 많아지면 복잡한 마음이 들 수도 있지만 그 속의 다양함에서 오는 풍족함이 존재한다. 난 그 삶에 만족하며 산다.

 맥시멀리스트의 장롱을 본 적 있는가?
 모두 그렇지 않겠지만, 내 장롱은 내가 지나온 세월을 보여준다. 추웠던 날의 이불, 여유가 넘치던 날의 옷, 위로가 필요했던 날의 편지, 지식이 필요했던 날의 책, 행복이 가득 찼던 날의 각종 선물. 버릴 수 없어, 언젠간 필요할 것만 같아 하나둘 넣어두었던 것들로 가득 찼다. 장롱 안에 하나둘, 넣어두다 보니 장롱 안에 있는 판자들도 휘어가며 나와 같이 많은 것을 짊어지고 간다. 장롱 안을 넘어 장롱 밖도 역시나 같다.

이런 내 방이, 내 삶이 답답하다고 말하기도 하지만 난 그로 인해 숨 쉬어져 살아간다.

향수

나는 향으로 존재한다

 월요일 아침. 오늘은 몇 달 동안 열심히 준비해 온 프로젝트의 결과를 발표하는 날이다. 향수는 오 드 뚜왈렛보다 지속력이 강한 오 드 퍼퓸이 좋겠다. 톱 노트는 시더우드의 상쾌하고 그윽한 나무 향으로 경직된 분위기를 부드럽게 만들자. 클래식하고 묵직한 느낌으로 신뢰감 있는 첫인상을 주는 것이 중요하다. 중반부에 집중력이 떨어지지 않도록 미들 노트는 로즈로 하여 향긋한 꽃 향기로 분위기를 전환하자. 마지막까지 기억되는 베이스 노트는 머스크로 은은하게 여운을 남긴다.

 발표가 끝났다. 집으로 돌아와 몸에 남아 있는 향을 모두 씻어냈다. 나의 하루살이용 자아는 성공적인 데뷔와 동시에 가장 화려한 은퇴를 마쳤다. 향수는 영속성이 없다. 오직 휘발되기 위해서 존재한다. 내가 향수를 좋아하는 이유는 바로 이 때문이다.

 인간의 체력과 정신력에 비해 삶은 너무나 길

지 않은가. 하나의 '나'로 이 긴 세월을 버틸 수 없다. 수많은 내가 필요하다. 그편이 훨씬 생산적이다. 생산성이란 '언어' 형태론, 특히 조어법에서 어떤 접사가 새로운 어휘를 파생시킬 수 있는 정도를 의미하는데 이를테면 나의 생산성이란 '향수'라는 접사를 통해 끊임없이 새로운 '나'를 파생시키는 것이다. 이렇게 파생시킨 나를 파괴하는 것 또한 나의 의지이다. 문득 그런 생각이 들었다. 나를 파생시키고 파괴하다 실수로 파생되지 않은 진짜 '나'까지 모두 없애 버리면 어떡하지. 혹은 파생시킨 나를 본래의 나로 착각하여 그것만 남겨두면 어쩌지. 오히려 잘된 일인지도 모른다. 그렇게 원하던 나의 모습을 갖게 되었으니. 향이 지워진 나는 혼란스럽고 불완전하다. 하지만 상관없다. 내일의 나는 완벽한 나를 파생시킬 것이다.

금요일의 새로운 자아는 'good girl gone bad' 향수처럼 복숭아 향으로 달콤하게 다가갔다가 담배 향처럼 스모키해지고, 토요일에는 비누 향이 은은하게 나는 침대 속 백수였다가 일요일에는 짙은 우디 향을 머금고 공원을 달리는 러너가 된다.

나는 향으로 존재한다.

달력

쉼이 필요한 시기

 난 열정만수르라는 별명을 가지고 있다. 열정이 흘러넘친다는 뜻으로 친구가 붙여준 이름이다. 그 별명이 참으로 마음에 들었고, 더욱 열심히 살기 위해 노력했다.

 내 열정만큼이나 내 달력은 항상 빼곡할 정도로 쉼이 없었다.
 평일 오전에는 동아리 활동으로 가득 찼다. 내가 참여한 동아리에서는 아동 성폭력 예방 인형극을 하는 사회개발팀, 아동을 위한 캠페인을 기획하고 운영하는 자원개발팀, 지역사회 시민교육·학교폭력예방교육·NGO 활동가 직업 교육 등 강사 활동을 하는 교육개발, 지역아동센터나 공모전에 참여하는 대외협력팀으로 운영되고 있었다. 난 이 모든 것에 다 참여했다. 심지어 동아리 회장의 역할도 수행하면서 말이다.
 평일 오전 활동이 끝나면, 오후에는 학교 수업을 들었다. 수업은 또 왜 이리 팀플레이가 많은

지. 달력 보며 서로 일정 맞춰 과목별 팀플레이도 수행했다. 그래도 팀플레이까지 대학 4년 내내 모두 잘 해냈다. 그 덕인지 4년 내내 성적우수 장학금까지 받고 다닐 수 있었다.

그렇게 평일 수업이 끝나면 학교에서 지원해 주는 학습공동체에 참가했다. 학습을 계획하고, 진행하고, 보고서까지 작성하다 보니 어쩌다 수상까지 했다. 열심히 했다는 결과인 것 같아 참으로 뿌듯했다.

주말에는 봉사활동을 다녔다. 아동·청소년 시설, 노인복지 시설, 장애인 복지 시설 등 다양한 곳으로 다녔다. 2019년이 되던 해, 1,004시간 이상의 봉사 시간을 채워 지역 자원봉사센터에서 천사 인증패도 받았다. 그리고 종종 집안 농사일을 돕거나 친구들과 여행을 떠나기도 했다.

이렇게 난 동아리 활동, 봉사활동, 문화생활 등으로 내 일주일을 붙잡고 살았다.

어느덧 나는 대학교를 졸업하고, 직장인이 되었다. 월요일부터 금요일, 때로는 주말에도 출근하는 아주 바쁜 삶을 보내고 있었다.

집에 있는 시간보다는 밖에 있을 때가 많아, 집

에서는 취침만 했다. 이런 나를 보는 시각은 제각각 달랐다. 그런 나를 대단하다고 말해주기도 했지만, 뭐 그리 바쁘게 보내냐고 이야기하는 사람들도 많았다. 사실 누가 뭐라 말하든 난 그런 삶이 좋았다. 아니 재밌었다. 그렇지만 지금 와서 돌이켜보니 그 모든 말들이 나를 위한 말이었음을 느꼈다.

평일 어느 날, 아마 수요일쯤이었던 것 같다. 나는 침대에 누워 눈을 감았다. 일찍 잠들고 싶고 깊게 잠들고 싶은 날이었다. 하루의 고단함이 스쳐 지나가며 많은 생각이 꼬리에 꼬리를 물었다. 나는 아주 오랫동안 어둠 속에서 수많은 질문을 던지고 답을 했다. 시간이 꽤 흐른 듯한 느낌이 들었다. 그런데도 잠이 들지 않았다. 한 손을 더듬어 휴대전화를 찾고 무겁게 눈을 떠 시계를 보았다. 눈을 감았던 시간이 채 5분도 되지 않았다.

이때부터였던가, 상담 및 행사 일정, 서류 제출 기한, 들어야 할 교육 등으로 빼곡히 쓰여있는 달력을 볼 때마다 머리가 지끈거렸다. 사회로 나와서까지 달리고 달리다 보니 결국 난 넘어져 버렸다. 쉼이 필요하다고 느껴 쉬려 했으나 모든 것을 한 번에 놓기는 어려웠다. 그래서 가장 먼저 일요일의 일정은 모두 취소했다. 일주일 중 하루를 내려놓으니 오후 늦게까지 침대에 붙어있어도 마음이 평온했다. 점차 토요일의 일정도 취소하고, 반차와 연차를 사용하며 나에게 휴식을 주었다. 그리고 이내 퇴사하며 모든 것을 내려놓았다.

 모든 것을 내려놓으니 처음에는 마음이 평온했다. 쉼의 진정한 의미를 느낄 수 있었다. 하지만 이내, 달력을 빼곡하게 채울 만큼 무언갈 많이 했던 때의 열정이라곤 찾아볼 수 없는 것을 넘어 무기력함이 몰려왔다. 웃고 있어도 즐겁지 않고 하고 싶은 것은 떠오르지 않고 생각의 생각은 꼬리를 물고 나를 붙잡아 둔다. 이런 나를 발견하고 나는 또 하나, 둘 일정을 잡고 달력을 채워나가고 있었다. 그러다가 또 넘어질까 무서워 일정을 취소하기도 한다. 그렇게 달력에서 수없이 생겼다 사라지는 일정들이 많았다.

 결국 내가 선택한 것은 혼자 여행이었다. 어디를 가야 할까 하다가 내가 가보지 않은 멀지도, 가깝지도 않은 공주를 선택했다. 공주행 기차표

와 '느슨한 연결 슬로크루즈'라는 게스트하우스, 그리고 근처 독립서점 한 곳 정도 찾아 놓은 것이 여행 전부였다. 일정 없는 여행이 처음인 나는 걱정과 설렘으로 가득했다. 혼자 떠났던 여행은 외롭기도 했지만 참으로 좋았다. 첫날밤 따뜻한 노란빛이 감도는 스탠드 불빛 하나 켜놓고, 마치 호텔 같은 하얀 침대에 누워 너드커넥션의 〈조용히 완전히 영원히〉 노래와 함께한 그 기억이. 마지막 날, 나태주 시인의 시집과 따뜻한 차, 바람에 흩날리는 자개 모빌 그리고 고양이와 함께 오랫동안 머물렀던 곳의 여운이 오래 남는다. 여행 끝 무렵 나를 보았을 때, 쉼을 즐길 수 있는 모습을 발견할 수 있었다.

  집으로 돌아온 나는 또 쉬었다. 하고 싶은 것들을 찾아서 말이다.
  그리고 배웠다. 천천히 걷는 방법을, 달리다가 멈추는 방법을 말이다.

인형
오래오래 부탁해

 어릴 적 크고 작은 인형들이 구석구석 참 많았다. 동생이나 친구들과 함께 인형들에게 옷을 입혀주고 즉흥적으로 이야기를 만들어 역할놀이를 하고 자장자장 노래를 불러주고 토닥이며 같이 잠들었다. 부드럽고 사랑스러운 포근함과 모든 인형을 살아 있는 것처럼 교감하며 그 상상력은 무한이었다. 늘 곁에 있어 주고 마음이 통하는 순수한 즐거움과 함께 부드러운 촉감에서 전해지는 따스한 감동을 전해주는 나의 특별한 친구이다. 함께 마음을 나누고 사랑으로 아끼며 인형과 함께 많은 시간을 보냈다.

 어린아이들처럼 우리 강아지도 애착하는 인형이 있다. 사람뿐만 아니라 동물들에게도 소중한 추억과 감정이 담겨있는 애착 인형이 있나 보다. 10살 노견의 몰티즈 윌리는 인형을 가지고 놀고, 안고, 자고, 물고 다니는 모습을 종종 볼 수 있다. 우리 집에 처음 왔을 때 사준 하마와 타조 인형을 제일 좋아한다. 오래된 하마 인형은 눈이 없고 타조 인형의 솜은 숨이 죽어 홀쭉하다. 하마 인형은 눈이 없어진 부분을 바늘로 꿰매어 쓰고 숨 죽은 타조 인형은 다른 솜으로 채워져 있다. 더러워진 인형을 세탁하는 날은 세탁과 건조가 끝날 때까지 귀여운 앞발을 동동거리고 안절부절못하며 앞에서 기다린다. 건조가 덜 끝난 인형을 억지로 드라이기로 빠르게 말리는 날도 많았다. 낡아도 함부로 버리지도 못한다. 새 인형은 금방 흥미를 잃어버리고 오래된 하마와 타조 인형만 그저 좋아한다. 새 인형으로는 예전만큼 많이 못 놀아줘서일까? 윌리의 나이만큼이나 오래된 인형만 가지고 놀 때마다 안쓰럽기도 하고 미안한 마음도 든다. 아마도 어릴 적 윌리는 나와 함께 놀았던 하마와 타조 인형이 윌리에게 소중한 추억으로 남아 그때의 즐거움과 따스한 기억이 지금도 윌리를 행복하게 만들고 있는 것 같다.

 내가 집에 도착하면 제일 먼저 윌리가 하마나 타조 인형을 물고 삑삑 소리를 내며 나를 향해 반갑게 달려 나온다. 조용했던 집안이 인형의 삑삑 소리와 함께 활기가 찬다. 매일매일 나를 기다리며 반겨주는 윌리는 귀여운 몸짓으로 행복을 가득 채워준다. 월리와 인사를 하고 옷을 갈아입는 동안 월리는 한참을 내 주변에서 인형을 던지고 잡고 물고 삑삑 소리를 내며 마치 내가 집에 온 것을 축하하듯 삑삑~ 인형으로 풍악을 울려준다. 이산가족 상봉 마냥 행복해하는 그 모습은 매일 봐도 사랑스럽고 감사하다. 월리가 나에게 주는 무한한 사랑과 행복은 말로 표현하기에 벅차다.

'오늘도 집에 도착하면 월리가 삑삑이 인형으로 삑삑~ 행복한 풍악을 울려주겠지?'

언젠가 월리는 내가 집에 와도 잘 못 듣고 모르는 날이 올 것이다. 그날이 오면 내가 월리를 위해 삑삑! 인형으로 행복한 풍악을 울려줄 것이다.

빗

작은 빗 하나에도 추억이 그렁그렁

 의자에 앉아 머리를 빗다 거울 속 내 모습을 보고 새삼 놀란다. 내가 어릴 적 기억하는 엄마가 나를 바라보고 있기 때문이다. 머리를 빗다 그 시절 엄마와 함께 유년 시절로 돌아간다. 어릴 적 나는 엄마의 머리칼 끝을 배배 꼬며 노는 걸 좋아했단다. 머리카락에 애착이 있어서였을까? 엄마의 머리카락은 꼬이고 꼬여 아무리 빗어도 풀 수 없어 결국 가위로 싹둑 잘라냈다는 웃픈 이야기가 떠올랐다.

 하나의 기억을 떠올리니 물꼬를 트듯 꼬리에 꼬리를 물고 추억이 이어진다. 어릴 적 이층집 거실에 있던 흔들의자가 보인다. 따사로운 오후의 햇살이 집 안을 가득 채우고 햇살을 한껏 머금은 오크 색 원목 의자가 거실 한 켠에서 흔들거린다. 그 시절 젊고 고운 엄마가 흔들의자에 앉아 함박웃음을 짓고 있다. 일곱 살 무렵의 나는 엄마 무릎에 앉아 개구쟁이 표정을 지으며 카메라를 향해 포즈를 취한다. 찰칵. 사진을 찍고 나서도 엄마와 나는 한동안 흔들의자를 흔들거리고 깔깔 웃으며 시간을 보냈을 것이다. 평화롭고 아름다운, 이 작은 기억 하나로도 유년 시절의 추억은 따뜻해진다.

 이번엔 아이들과의 추억거리를 들춰 본다. 아이들 머리를 양 갈래로 묶어줄 때마다 꼬리빗 끝으로 가르마를 가른다. 너무도 간지러워 목을 한껏 움츠리며 부르르 떨던 아이들 모습이 눈에 선하다. 간지럼을 참지 못하고 까르르 웃으며 아이들이 달아난다. 얼른 다시 오라고 입으로는 재촉했지만 마음은 웃고 있다. 눈부시게 밝게 웃으며 요리조리 도망 다니던 그때의 아이들이 손에 잡힐 듯하다.

 이 작은 빗 하나에도 수많은 사랑과 추억이 그렁그렁 맺혀 있다. 그 추억들은 엄마로부터 나를 통해 아이들에게 이어진다. 다시 거울 속 나를 들여다본다. 나이가 들수록 내게서 엄마가 보인다. 어릴 적 엄마를 떠올리면 삶의 고단함 속에서도 자식들로부터 얻는 기쁨이 있어서였을까, 우리를 바라보며 환히 웃던 엄마의 얼굴이 떠오른다.

 아이들은 훗날 나를 어떤 모습으로 기억할까? 오늘의 나는 아이들에게 어떤 추억을 심어주었나? 아이들은 이토록 작은 물건에서도 나를 떠올려 줄까? 더 많이 웃고 더 많이 사랑해야겠다. 머리를 빗으며 거울 속 나에게 미소를 건넨다.

사진

사진이 들려주는 옛이야기

 첫돌부터 결혼 전까지의 사진을 담아놓은 3권의 앨범을 아버지로부터 받았다. 뜻밖의 선물을 받고 생각이 깊어졌다. 독립해서 살아가는 딸을 생각하며 사진을 들여다보실 것 같았는데 앨범으로 주신 뜻은 무엇일까? 나 혼자 그 의미를 새겼다. '사랑을 받았던 그 시절을 기억하고 행복하게 살아라.' 첫돌의 나는 터질 것 같은 볼살을 가진 오동통하고 덩치가 컸던 아기였다. 초등학교에 입학한 오빠와의 기념사진은 가관이다. 오빠는 선글라스를 쓰고 흰 반바지와 넥타이까지 갖춘 셔츠를 입었다. 짜리몽땅 뚱뚱이인 나는 배까지 끌어당긴 타이즈만 신고 오빠 옆에 세워둔 것이다. 창피한 사진이지만 차마 없애지 못하는 것은 흑역사도 내 역사이고 부모님께 투정을 부리는 일에도 쓸 수 있기 때문이다. "치마도 입히지 않고 타이즈만 신겼어요? 아들만 이렇게 멋쟁이로 만들어놓고요?" 부모님은 50년이 더 지난 일들을 뒤늦게 깨닫고 박수 치며 아이고 우짜노를

글_쎵

말하셨다. 그 사진 덕분이라고 해야 할지. 나는 두 아들을 키우면서 입성을 깔끔하게 하고 가능한 흉한 모습은 남기지 않으려 했다. 아들이 앙앙 우는 모습을 사진에 남겨두긴 했다. 이불에 오줌을 싸놓고 혼자 서러워서 울던 모습이 너무 귀여웠기 때문이다. 나중에 아들이 흉하다고 타박을 하면 나도 박수를 치면서 아이고 우짜노를 말할 것 같다. 또한 두 아들의 사진에는 똑같은 옷을 입혀놓은 사진이 꽤나 있다. 아들들을 각각 시장과 대형마트에서 잃어버린 기억은 내게 트라우마다. 아이를 찾아 달라고 말을 해야 하는데 옷차림이 전혀 기억나지 않아서 울기만 했다. 그 이후로 두 아들의 외출 차림은 반드시 상하 같은 옷이나 상의라도 똑같이 입혔다. 한강공원에서 작은아들을 잃어버렸을 때 큰아들의 손을 잡고 다니면서 사람들에게 물었다. "이런 옷 입은 아기 보셨어요?" 눈썰미 좋은 꼬마 덕분에 금방 찾았다. 사진을 통해서 튀어나오는 이야기들은 가족들이 모였을 때 웃음꽃을 피운다. 허튼 사진이란 없다. 못난 사진도 없다. 사진 속의 모습은 박제된 순간 같지만 그 안에 깔린 배경은 우리의 역사 이야기다. 색 바래고 닳아서 귀퉁이가 떨어져 나간 사진 속에서 부모님의 결혼식 날 함박눈이 쏟아져 내렸던 이야기도 듣는다. 일찍 부모님을 여의신 친정아버지께서 유독 나를 예뻐하시는 이유가 바로 친할머니의 젊은 시절과 닮은 내 얼굴 때문이라는 것도 깨닫는다. 스마트폰 속의 사진은 연기와 같다. 혼자만 눈이 빨개지는. 인화되어 앨범 속에 간직된 사진은 함께 마음을 모을 수 있는 모닥불이 된다. 얼굴이 발갛게 달아오르고 두 손을 앞으로 모아서 마음까지 데워주는 힘을 가진다. 사진첩을 펼쳐 어린 시절부터 살펴보면 한 사람의 인생 이야기를 읽고 보는 듯하다. 사진은 소설책의 목차와 같다.

바닥 매트

매트 위에서

 매트는 아이들과 집에서 함께 놀 수 있는 최고의 공간이다. 널찍하고 평평한 데다 적당히 말랑말랑하고 푹신해, 아이들과 놀기엔 매트만큼 편안한 공간이 없다. 바닥이 주는 안정감이 있어서일까, 아이들은 퍼즐을 맞춰도 블록을 쌓아도 책을 읽어도 넓은 테이블이나 책상보다 매트 위를 훨씬 좋아한다.

 매트의 또 다른 매력도 있다. 주말 아침 대청소를 하려고 매트를 접는 순간, 매트는 삽시간에 동굴·터널·배 등등 아이들이 원하는 모든 것으로 변한다. 아이들의 상상대로 변신하는 매트는 늘 새로운 놀이터다. 상상의 나래를 펼치며 모험을 떠나는 아이들의 왁자지껄한 소리는 상상의 크기만큼 커진다. 까르르 웃는 아이들의 웃음소리를 듣고 있으면 이 순간이 영원했으면 싶다.

 이렇게 고마운 매트지만 사실 난 매트 생활이

김가슬

불편하다. 청소를 할 때면 매트 사이사이 때도 닦아야 하고, 마룻바닥을 청소하려면 그 무거운 매트를 번번이 들춰내야만 해 성가시다. 무엇보다 유연한 아이들과 달리 이미 뻣뻣해진 내 몸은 양반다리를 하면 허리가 불편하고, 무릎을 꿇고 앉으면 다리가 아파온다. 수시로 자세를 바꿔 보아도 몸이 영 편치 않다. 매트 생활을 시작한 후로는 무릎과 허리 건강이 벌써 걱정이다.

아이들과 한동안 놀다 보니 슬슬 또 허리랑 무릎이 아파 온다. 아이들이 놀이에 집중한 사이 슬그머니 소파로 올라가 앉는다. 해맑게 노는 아이들의 모습을 바라보다 문득 이 시기를 더 오랫동안 지켜주고 싶다는 마음이 든다.

'어떻게 해야 하지?'

내가 앉은 편안한 소파와 널찍한 매트 위에서 노는 아이들을 바라보다 문득 나는 소파 같은 엄마였으면, 아이들은 매트 같은 아이들로 자랐으면 좋겠다는 생각을 했다.

포근하고 안락한 소파 같은 엄마이고 싶다. 소

파는 침대처럼 온전한 쉼의 공간도 아니고 의자처럼 목표를 위한 공간도 아니다. 온전한 쉼과 온전한 활동의 중간 지대. 몸과 마음의 일시적 안식처. 아이들이 때때로 몸과 맘이 지칠 때면 언제든 들러 쉴 수 있는 그런 엄마, 그리고는 언제 그랬냐는 듯 툭툭 털고 일어나 다시 일상으로 돌아갈 힘을 보태주는 그런 사람이고 싶다.

'요즘 나는 편안하고 포근한 엄마였나?'

자문해 본다. 그러지 못했던 적이 많아 미안한 마음이 든다. 스스로에게 다짐하듯 아이들에게 나의 다짐을 들려준다. 이야기를 들은 아이들은 나를 꼭 안아주며 엄마는 이미 다정한 엄마라고 말을 건넨다. 나도 모르게 눈물이 핑 돈다. 어쩜 이렇게 사랑스러운 아이들이 나에게 와 주었을까?

이미 매트처럼 마음이 너르고 푸근한 아이들이다. 고맙게도 아이들은 충분히 잘 자라고 있다. 역시 나만 잘 하면 된다. 아이들이 상상의 나래를 보다 맘껏 펼치도록 느긋하게 아이들의 시간을 지켜주자는 다짐을 되새기며, 다시 매트로 내

김가슬

려가 아이들과 뒹군다.

스피커

70살까지 하겠습니다

 귀에 맞는 천연 스테로이드, 아드레날린이 치솟는 노래 등 운동과 함께 들으면 좋은 플레이리스트는 필수 검색어다. 운동하는 동안 스피커에서 흘러나오는 음악이 운동을 더욱 힘차게 만들어준다. 120-140 BPM 이상의 노래들은 언제, 어디서 들어도 좋다. 공간을 지배하는 스피커의 음악은 운동을 할 때 활력을 불어넣는다. 스피커의 강렬한 사운드는 호흡, 심박수, 근육의 반사 신경, 교감신경을 자극하여 신체적 움직임을 원활하게 만들어주는 효과가 있다고 한다.

 크로스핏 박스의 스피커를 통해 울리는 음악은 나에게 활력을 주는 중요한 요소 중 하나이다. 음악은 운동하는 동안 고통을 잊게 해주며, 스피커의 강렬한 사운드는 움직임을 강하게 만들어준다. 아드레날린이 치솟는 음악이 스피커를 통해 박스 전체에 울려 퍼진다. 그 순간부터는 음악과 함께 움직이며, 강한 에너지가 음악을 통해 나에게 전달된다. 오늘도 나는 스피커가 외치는 강한 템포의 음악이 전달하는 에너지를 받아 움직인다. 힘들고 피곤한 하루, 마음이 지친 하루, 방전된 배터리 같은 하루하루가 음악으로 힘찬 기운을 받고 크로스핏 운동으로 고단함을 치유한다.

어느덧 크로스핏을 시작한 지 9년 차. 약속을 줄여가며 하루도 빠짐없이 퇴근 후 운동을 꼭 하는 루틴을 만들어 매일 크로스핏 운동을 했다. 남들이 뭐라 해도 내 꾸준함을 내가 지키기 위해 후회 없는 하루를 보낼 수 있도록 매일 운동을 했다. 나를 더 단단하고 강인한 사람으로 만들어주었다. 힘든 하루, 몸은 고되지만 크로스핏 박스로 향하는 길은 언제나 기쁨으로 가득하고 즐거웠다. 어떠한 일에 열정을 다하고 무엇이 되었든 어느 하나에 열광하여 오롯이 나에게 집중을 다하는 유일한 시간이다. 지친 에너지를 채워주는 그 자체가 삶의 충전소이자 활력소다. 단시간 고강도로 행하는 크로스핏은 분명 힘든 운동임에도 불구하고 나에게 강한 에너지를 채워준다.

크로스핏 박스를 들어가는 순간 다른 세상이 펼

쳐진다. 박스 안 사람들의 뜨거운 열기와 스피커의 웅장하고 강렬한 사운드는 퇴근 후 지친 나를 격하게 반겨준다. 하루 중 제일 기다리는 특별한 나만의 시간이다. 성별, 연령, 직업도 각기 다른 사람들이 모여 진짜 가족이 되는 크로스핏 문화는 강렬하다. 나의 크로스핏 여정은 아직 끝나지 않았다. 한살 한살 나이를 먹어도 여전히 열정을 가지고 운동할 것이다. 그리고 그 길에는 항상 스피커에서 흘러나오는 힘찬 음악이 함께할 것이다. 부족하지만 나의 삶에 일부로 남을 것이고 스피커의 음악은 항상 나를 동기 부여할 것이다. 힘든 오늘도 나는 갑옷처럼 보호장비를 풀 장착하고 좀 더 강한 템포의 노래로 3 in 1 Team For Time ~ 3! 2! 1! G0!

조명

네 생각은 어때

 그날을 기억한다.

 "자, 조명에서 비치는 불빛 보이시죠? 하나부터 천천히 숫자를 세어 보는 거예요. 하나."

 하나, 둘, 셋, 넷. 깜빡 잠이 들었나 보다. 코끝에 닿는 풀 냄새가 향기롭다. 어디선가 바람이 불어와 온몸을 스쳐 지나간다. 나는 무언가 두려워 눈을 감은 채 열까지 세기로 한다. 아홉, 열. 살며시 눈을 뜨니 사방이 온통 푸르다. 끝이 보이지 않는 광활한 평원. 작열하는 태양 아래 오직 바람에 흔들리는 풀잎 소리만 가득한 이곳. 분명 처음 온 곳인데 왠지 모르게 익숙한 느낌이 든다. 천국이 있다면 이런 느낌일까? 아니다. 나는 그다지 착하게 살아오지 않았으므로 이곳이 천국일 리 없다. 조심스레 몸을 일으켜 한 발짝 내디딘다. 사각. 발바닥에 닿는 느낌이 부드럽고 시원하다. 한발 두발 앞으로 나아가니 작은 연못이 보인다. 평원이 아니었나. 오랜만에 보는 연못이 신기해 조심스레 얼굴을 비춰 본다. 연못에 비친 나는 어딘가 어리숙하고 멍청해 보인다. 별 안간 몸이 흔들린다.

"환자분 정신이 드세요? 잠들면 안 돼요. 정신 차리셔야 해요!"

마취에서 깨어나면 꿈에서의 일은 모두 기억나지 않는 게 정상이라고 하는데 어찌 그날의 꿈은 이토록 생생한 걸까. 아침에 눈을 뜨자마자 떠오른 쓸데없는 생각을 지우려 고개를 세차게 흔들고 세수를 하기 위해 화장실로 향했다. 화장실의 백열등은 그날 수술대의 조명처럼 눈이 부셨.

자신과 똑같은 모습의 도플갱어를 만나면 둘 중 한 명은 죽게 된다는 말을 들은 적이 있다. 매일 마주하는 거울 속의 나는 마치 도플갱어처럼 익숙하고 또 낯설다. 오늘도 거울 앞에서 마주친 내가 반가워 짧게 인사를 건넸다. '안녕.' 거울 속 나는 말이 없다. 잠들기 전 다시 마주한 거울 속의 나에게 아침보다 더 다정히 말을 건넸다. '안녕, 또 만나네.' 나는 여전히 대답이 없다. '근데 그거 알아? 이제 우리 둘 중 한 명은 사라져야 하는데 네 생각은 어때?' 거울에 비친 나는 더 이상 멍청해 보이지 않았다.

"환자분, 정신이 드세요? 여기 어딘지 아시겠어요?"

눈이 부셔 얼굴을 찡그렸다. 다시 또 그 꿈인가. 조명은 그때처럼 밝고 시리도록 차갑다. 사방은 시끄러운 소리와 분주한 움직임으로 가득하다. 나는 왜 이곳에 있을까. 분명 집에서 거울을 바라보고 있었는데. 문득 돌아본 주변이 무섭도록 생경하게 느껴진다. 같은 건 오직 저 조명 하나이다. 나는 거울 속의 나와 거울 밖의 나 둘 중 어느 쪽일까.

커튼

비밀 없이는 못 살아

지금 살고 있는 집은 건물 꼭대기 층인데, 다행히 주변에 높은 건물이 많지 않다. 아파트가 살짝 조망을 가로막기는 하지만, 절묘한 각도로 세워져서 서로의 창이 마주하지 않고 있다. 게다가 바로 앞에 있는 건물에서도 절묘한 은폐물 덕분에 집안을 보기 어렵게 되어 있다. 그러다 보니 혼자 살면서 아직까지 커튼을 집에 설치하지 않고 있다. 주변 시선에서 나를 감출 무언가를 설치할 필요성을 못 느끼고 있기 때문이다. 그렇지만 커튼이 없어서 괴로운 일도 있다.

우선, 아침에 일어나는 것이 꽤 괴롭다. 주변에 있는 건물이 높지 않은 데다가, 커튼도 설치하지 않아서 햇빛이 내 눈을 직접 때린다. 알람 소리를 듣고도 따뜻한 이불 속에서 미적거리는 순간이 참 달콤한데, 그 맛을 즐기기에 내 눈으로 들어오는 햇살이 너무 눈부시다. 커튼이 있었다면 적어도 주말에는 그 달콤함을 잘 즐길 수 있지 않

전지적 아아

았을까. 햇빛이 직접 방 안에 들어오는 것은 또 다른 괴로움을 선물한다. 바로 들어오는 햇빛과 꼭대기라는 조건 때문에 여름에 방 안이 엄청 덥다. 여름에 퇴근하고 집에 들어오면 문을 열자마자 숨이 막힐 듯한 열기가 훅 나온다. 정말, 차라리 바깥이 바람이라도 잘 불어서 시원하다. 그래도 몇 년 전까지는 선풍기만으로 어떻게든 버텼는데, 지구 온난화 때문인지 이제는 버티지 못하고 에어컨을 조금씩 켜고 있다.

커튼이 없으니까 내가 바깥을 자유롭게 볼 수 있는 만큼 바깥에서도 나를 자유롭게 볼 수 있다는 생각이 자주 들어서 심적으로 부담이 되는 부분도 있다. 물론, 누군가 보기 어려운 곳이라서 크게 신경을 쓰지 않아도 된다는 점은 머리로는 잘 알고 있다. 그렇지만 머리로 아는 것과 마음으로 받아들이는 것은 다른 차원의 일인가 보다. 아침에 눈을 뜰 때 갑자기 심장이 벌렁거릴 때가 가끔 있다. 밤새 누군가 나를 바깥에서 지켜본 것은 아닐까 하는 불안감 때문에. 그래서 한동안 커튼을 설치하려고 인터넷에서 커튼 제품을 많이 검색했다. 물론 엄청난 귀찮음 때문에 알아보다가 그냥 마음을 접고 아직도 커튼 없이 살고 있다.

 커튼 없이 지낸다고 하면 주변 사람들은 안 불편하냐고, 그런 집에서 어떻게 사냐고, 설치하면 괜찮을 거라고 이야기한다. 이 이야기를 들을 때 문득, 사람들은 커튼을 집에 반드시 있어야 하는 물건이라고 생각한다는 느낌을 받았다. 커튼은 우리가 사용하는 물건 중에 무언가를 감추기 위해 쓰는 물건 중 가장 긍정적인 이미지를 가진 물건이라는 생각이 든다. 시쳇말로 '숨기는 자가 범인'이라는 말을 자주 쓴다. 그만큼 우리는 무언가를 숨기는 행동을 좋게 보지 않는다. 켕기는 것이 있거나 잘못을 저지른 사람이 그것을 숨긴다고 생각한다. 커튼도 우리를 바깥 시선으로부터 숨기는 역할을 하는 물건인데, 그것이 필요하다고 생각한다.

 사람은 누구나 비밀을 가지고 있다. 아무리 가까운 사이라도 말이다. 가족에게도, 부부 사이에도, 친구 사이에도 말하지 못하는 비밀 말이다. 유튜브에서 최근에 거짓말 없는 상황을 그린 스케치 코미디를 본 적이 있다. 다들 솔직하게 이야기하는데, 서로 비밀이 없는데, 사람들이 상처

받을 만한 상황이 넘쳐나는 모습이었다. 어느 정도 진실을 감추는 것, 비밀이 있는 것은 필요악이라는 생각이 든다. 마치 커튼 같은 느낌의.

적절한, 예쁜 커튼은 우리 인생의 질을 엄청 높여줄 수 있다. 마치 아침마다 따가운 햇살에 고통받지 않아도 되는 것처럼. 말 나온 김에 네이버에 '커튼'을 검색해 본다. 어머, 상품이 너무 많다. 세상엔 감춰야 할 것이 이렇게 많은가 보다.

옷

중요한 건 그 안에 담긴 것

 어린 시절, 나는 항상 다른 아이들과 나를 비교했다. 몸에 딱 맞는 예쁜 옷을 입고 다니는 친구들과는 달리, 나는 항상 내 몸보다 큰 옷이라던가 색이 좀 바랜 옷을 입고 다녔다. 그 이유는 간단했다. 가난한 집안이라서였다. 첫째임에도 불구하고 사촌 언니들에게 항상 옷을 물려받았다. 새 옷을 사기보다는 누군가의 옷을 물려받아 입는 것이 당연했다.

 초등학생 시절, 나는 아는 분을 통해 저렴하게 피아노학원에 다닐 수 있었다. 내가 평생을 통틀어 유일하게 다녔던 학원이었다. 매일같이 연습실에 피아노를 치러 가고 자신감 있게 연주할 수 있는 그날을 꿈꿨다. 하지만 가난한 집안에서 자라며 맞닥뜨린 어려움은 나의 마음을 갈기갈기 찢어놨다. 늘 꿈꿔왔던 피아노 대회 당일, 같이 공연장으로 향했던 아이들이 모두 드레스를 입고 있었다. 엄마가 화장도 해줬는지 입술도 빨갛고 볼도 핑크빛으로 예뻤다. 조금씩 낮아졌던 자존심이 공연장 입구에 들어서며 바닥끝까지 떨어졌다. 드레스를 입고 무대화장을 하고 헤어까지 예쁘게 만지고 온 다른 아이들과 달리, 정말 나 혼자만 민낯에 흰 티에 멜빵 치마를 입고 있었다. 대회장에 들어서자 모든 시선이 나를 향하는 것만 같았다. 내가 입은 옷 때문에 다른 사람들이 나를 비웃는 것만 같았다. '왜 나는 저런 옷을 입을 수 없는 걸까? 물려받은 옷 중에서 제일 예쁜 옷을 입은 건데…'라는 생각이 머릿속을 맴돌았다. 들어가기 싫다고 엉엉 울어버렸다. 무대 또한 최악으로 망쳤다.

왜 다른 아이들과는 다르게 생활해야 하는 걸까? 왜 항상 부족한 것만을 가지고 살아야 하는 걸까? 이런 생각들이 나를 더욱 속상하게 만들었다. 점점 나 자신에 대한 자신감이 없어졌다. 휴지는 정해진 3칸 정도만, 공책은 다 써서 검사받아야만 새로 살 수 있었고, 다른 집과는 달리 꽤 늦게까지 연탄을 때며 살아야 했던 우리 집. 그랬던 우리 가족에게 새 옷은 사치였다.

하지만 가난했던 어린 시절의 경험들은 나를 더욱 성숙하고 강인하게 만들어 주었다. 성장하면서 그때의 상처를 이겨내게 되었고 부모님 또한 이해하게 되었다. 아이를 키워보니 부모님이 그

만큼이라도 해 주신 것이 어딘가 싶은 마음에 감사했다. 부모님도 뭐든 다 해주고 싶으셨을 텐데 왜 그 마음을 이제야 깨닫게 된 것일까? 어리석었던 나를 꾸짖어본다.

 아직도 가난함에서 완전히 벗어나진 못했다. 하지만, 지금은 어떤 옷을 입어도 자신감 있고 만족스럽다. 그리고 이젠 겉모습보다 내 안의 아름다움을 믿는다. 정말 중요한 건 옷보다도 그 안에 담긴 나 자신이라는 것을 깨달았기 때문에.

머그잔

일 년에 머그잔 하나

 지구에 남기는 흔적을 최소화하고 꼭 필요한 소비만 하며 부주의로 인해 낭비하는 일이 없도록 살펴야겠다고 다짐한 것은 그리 오래되지 않았다. 그전에는 일회용품 사용 자제 정도만 관심을 가졌을 뿐, 나의 소비 습관에는 크게 신경 쓰지 않았다. 불필요한 소비를 한다고 생각하지 않았기 때문이다. 물론 그건 큰 착각이었다. 여러 도시로 거주지를 옮기며 정착하는 과정에서 어쩔 수 없이 필요해서 반복적으로 구입하게 되는 것도 많았지만 분명 감정적인 소비도 적지 않았다. 사소하게 보일지 모르지만, 마음에 드는 카페의 머그잔을 사는 것 또한 그런 감정적 소비 중 하나였다.

 지금은 집과 작업실 모두 머그잔이 없다. 어릴 때부터 얇고 섬세한 디자인의 찻잔보다 조금 투박하게 보일지 몰라도 살짝 두툼한 머그잔이 주는 든든하고 따뜻한 느낌을 훨씬 더 좋아했는데 말이다. 집에서는 머그가 아닌 찻잔을 이용해 말차와 밀크티를 만들어 마신다. 단순히 취향이 바뀐 것일까. 좋아하던 머그잔의 부재가 의미하는 것은 무엇일까?

약 4년 전, 잦은 이동으로 쉴 틈 없던 삶에 휴식을 가지며 임시로나마 새 공간에 자리를 잡을 때, 머그잔을 들이지 않고 단순한 디자인의 찻잔을 들인 것은 의도적 선택이었다. 머그잔이 싫어지고 찻잔이 좋아져서가 아니었다. 좀 극단적인 예이기는 하지만 그건 금연을 결심한 아빠가 집에 담배를 두지 않기로 마음먹으신 것과 비슷했다.

꽤 오랜 기간 동안 나에게는 좋아하는 카페의 머그잔이나 텀블러를 사는 습관이 있었다. 마음에 든다고 다 사는 것은 결코 아니었지만, 일 년에 하나씩만 사더라도 십 년이면 열 개의 머그잔이 모이는 습관이었다. 구입할 때는 흐뭇했지만 이사 갈 때나 짐 정리를 할 때면 주변에 나누기를 반복했다. 예전에는 나눔 자체만으로 기분이 좋았지만 계속되는 나눔은 결국 내가 불필요한 소비를 하고 있음을 의미한다는 것을 깨달았다. 아직 환경을 생각해서 불필요한 소비를 줄이는 데는 생각이 미치지 못했지만, 일상에서 경험하는 충동적이고 습관적 소비는 없애거나 줄일 필요가 있다고 느꼈다. 정확히 어느 해였는지 기억나지는 않지만, 불필요하게 머그잔을 사는 습관을 내려놓아야겠다고 다짐한 뒤 그것을 처음 실천한 것은 한 카페에서였다.

 십 년 전쯤, 시카고에도 인텔리젠시아나 돌롭처럼 괜찮은 카페들이 없었던 것은 아니지만, 전시를 보기 위해 뉴욕을 방문할 때면 들렸던 블루보틀은 좀 각별했다. 인텔리젠시아와 돌롭은 바리스타나 원두에 따라 커피 맛이 실망스러울 때가 종종 있었지만 당시의 블루보틀은 맛은 다르더라도 항상 그 깊이를 유지했고 높은 기대에도 불구하고 매번 기대 이상의 커피 경험을 선사했다. 때문에 일부러 찾아갈 정도는 아니었지만 휘트니를 갈 때면 꼭 들리곤 했던 유일한 카페였다. 매장을 방문할수록 커피가 마음에 들자 그곳을 기념할 만한 무엇인가를 갖고 싶었다. 마침 그곳에는 이쁜 머그잔이 있었다. 뽀얀 밀크빛 바탕에 조그맣게 블루보틀 로고가 새겨진. 나는 몇 차례 그 컵을 들었다 내려놓으며 눈여겨 살펴보았던 것 같다. 이전 같으면 당연하다는 듯 망설이지 않고 바로 구입했겠지만 이번에는 그러지 않았다. 정확한 워딩은 기억나지 않지만 '난 더 이상 새로운 머그잔이 필요하지 않아. 여기 커피가 아무리 좋아도 그것이 불필요한 소비를 정당

화할 수는 없어.'라는 앎과 마주했던 것 같다. 그렇다. 정말 답은 간단했다. 난 이미 머그잔이 있었고 새로운 머그가 필요하지 않았다. '이건 내가 좋아하는 카페를 기념할 수 있는 머그야.'라는 합리화는 이제 더 이상 떠오르지도 않았고 떠올랐다고 해도 통하지 않았을 것이다.

  그렇게 한번, 사고 싶었던 머그잔을 사지 않자 놀랍게도 그다음부터는 마음에 드는 머그잔을 만나도 바라보는 것에서 만족하는 것이 어렵지 않았다. 기념하고 싶거나 디자인이 마음에 든다고 해서 내가 그것을 소유할 필요는 없으며 소유욕을 정당화하려는 그 어떤 이유도 대개 내 안의 충동을 합리화하기 위한 것이고 그마저도 일시적으로만 유효할 뿐이라는 것을 깨달았던 것이다.

  집과 작업 공간에서 머그잔의 부재는 궁극적으로 머그잔을 향한 과거의 충동적 소비 습관과의 단절을 의미한다. 요즘은 듁스(Dukes)나 제이엠(JM Coffee Roasters)처럼 무척이나 마음에 드는 커피를 발견하더라도 그곳의 미그잔을 사야겠다는 마음이 생기지 않는다. 하지만 설령 언젠가 그런 마음을 마주한다 하더라도 이전의 습관으로 되돌아가지 않겠다는 의지도 담겨있다.

종이컵 대신 텀블러를 사용한다고 지구 환경에 기여할 수 있으리라 생각한다면 큰 착각이라고들 말한다. 매년 머그잔 하나가 덜 팔린다고 해서 지구 생태계에 도움이 되리라 생각할 수도 없을 것 같다. 하지만 베이비 스텝일지라도 멈추지 않고 한 걸음씩 내디디며 조금씩 나아가고 싶다. 하나의 작은 나쁜 습관과 멀어지고, 또 하나의 작은 좋은 습관과 가까워지기를 반복하며.

TV

가지 못한 길을 돌아보며

 생애 첫 TV는 한쪽 벽의 높은 선반에 올라앉은 흑백이었고, 덕분에 생애 첫 장래 희망도 가졌다. TV를 켠 첫 장면에는 두 손을 머리 위로 올린 여자아이들이 나풀거리는 짧은 치마를 입고 빙글빙글 돌고 있었다. 발끝으로만 선 채 밟으면 안 되는 금을 피해 가듯 춤을 추는 모습은 코스모스꽃 같았다. "나도 저 춤을 추는 사람이 될 거야." TV는 잠을 자지 않아도 꿈을 꾸게 하는 마법 상자였다. 아버지께서 텔레비전을 틀어주실 때면 내 몸은 부풀어 올랐다. 텔레비전이 없어도 혼자서 춤을 추며 놀곤 했다. 때로는 입으로 만든 음악을 흥얼거리는 발레리나가 되었다. 발끝에 힘을 주고 뒤꿈치를 들어 깡충깡충 뛰었다. 공주가 되고 백조도 되었다. 아무도 없을 때는 빙글빙글 돌기를 수십 번 하다가 이지러워서 벽에 가서 쿵 들이박고 넘어지기도 했다.

 초등학교 4학년 때였다. 마을 경로잔치에 선보이는 무용단에 뽑혔다. 마침내 춤을 춘다는 기쁨이 무대 위에 올라야 한다는 공포감을 이겨낼 만큼 좋았다. 하지만 그것뿐이었다. 무용 선생님께 계속 배우고 싶었지만 도시로 유학을 나오는 바람에 꿈으로 가는 길이 사라졌다. 전학을 온 학교에서는 반별로 졸업 학예회를 열었다. 각자 장기 자랑을 해야 하는데 그건 선생님의 지시가 아니라 학생들의 자발적인 의지로 만들어가는 것이었다. "넌 뭘 잘해?" 묻는 지영이와 윤미에게 "무용"이라는 대답에 나를 포함한 셋은 〈도라지 타령〉에 맞춰서 내가 만든 안무로 발표를 했다. 친구들이 정말 좋아해 줘서 행복했다.

 중학생이 되자 낯선 아이들 틈에 끼였다. 쉽게 친구를 사귀지 못했지만 무용 시간만큼은 나도 모르게 적극적인 학생이 되었다. 무용 수업 전에 몸풀기는 발레의 기본동작이나 스트레칭을 했는데, 내 몸은 자유를 찾은 것처럼 활기를 띠었다. 선생님으로부터 무용반에 들어오라는 제안을 받았다. 가슴이 터질 것처럼 기뻤다. 무용반을 거치면 예고에 입학해서 진짜로 무용가가 될 수 있겠다는 생각을 했다. 하지만 기쁨과는 달리 결정은 쉽지 않았다. 그 당시 부모님은 시골집을 판 돈을 지인에게 몽땅 떼였고, 입주 계약한 집은 잔금을 치르지 못해서 날린 상태였다. 전부 빚으로 마련한 새집의 대출금을 갚느라 엄마는 아파트 청소부와 낚싯바늘 만들기, 스카프 손질하기 등 잡일로 무척 힘든 상황이라서 차마 무용을 하겠다는 말이 나오지 않았다.

 포기는 쉬웠지만 마음을 가라앉히는 시간은 아주 오랜 세월 동안 이어졌다. 모든 것이 다 나쁠 수는 없다. 춤을 추고 싶어서 들었던 모든 장르의 음악 덕분에 지금도 세상 모든 음악을 다 좋아하고 듣는다. 클래식이든 국악이든 재즈든 음악이라면 뭐든지 즐기는 좋은 취미가 생긴 것은 전부 나의 첫 꿈 덕분이다. 발레리나를 보면 어린 시절 흑백 TV가 집으로 들어오던 날이 선명하게 떠오른다.

꽃병

꽃병은 말이 없다

내가 사는 곳은 도심 속에서 자연을 느낄 수 있다. 왜가리가 날아드는 냇가에는 오리 가족이 봄나들이 나오고, 눈부시게 피었던 벚꽃과 목련은 이내 꽃비가 되어 어느 날 기약도 없이 후드득 졌다. 누군가 꺾어버린 꽃이 형체도 없이 짓이겨져 있기도 했지만 대체로 봄은 그렇게 정겹고 따사로웠다.

포르투갈에서 산 아쿠아블루 빛 유리병에 노란 프리지어가 어울린다고 생각한 건 그즈음이었다. 택배로 주문한 노란 프리지어가 저 홀로 아직 생생한 봄이었다. 노란 프리지어를 꽃가위로 하나하나 정리했다. 프리지어와 몇몇 곁들임 꽃들이 마치 자기 자리인 듯 꽃병에 꽂혔다. 창밖 풍경은 저리 저물어가는데, 꽃병 속 꽃들은 책장 한쪽에 두는 것만으로도 칙칙했던 서재가 금세 밝아졌다.

나는 마치 짝사랑했던 누군가의 연인을 내 앞에 고이 모셔놓은 듯한, 설레면서도 아찔한 기분이

들었다. 어차피 꽃도, 사랑도 다 시들 것을 알면서, 어차피 한순간의 아름다움, 한순간의 미혹이란 것을 알면서 매번 꽃병에 꽂는 수고를 한다. 숨 막히는 두근거림을 가까스로 억누르며 바라볼 수는 없었을까. 그저 눈으로만 바라보았다면, 억겁 속에서 푸르렀을 꿈으로 날아올랐을지도 모를 일이다. 그런데 이렇게 꽃병 속에 가둬 두고 바라보고, 손길을 주고 그제야 입을 맞춘다.

완벽한 결박은 헛된 희망일 뿐. 그렇게 찰나의 시간을 살다가 쓸쓸한 최후를 맞는 것. 봄의 아름다움을 가둔 죄로 꽃병 속 꽃은 생기를 잃고, 서서히 꽃잎을 떨구며 마지막 춤을 추고 있다.

이 봄에 병을 앓고 있는 나는 창백한 얼굴로 그 모습을 바라보며 오 헨리의 「마지막 잎새」를 떠올린다. 어쩌면 그 책의 주인공은 아픈 '존시'도, 화가가 그려준 '마지막 잎새'도 아닌, 하나둘 떨어지며 춤을 춘 그 잎새들일지도 모른다.

봄바람 꽃잎 휘날리듯 이리저리 굴러떨어져도 나는 얼마나 눈물 같은 웃음으로 혼자 춤을 추며 생을 견뎌왔던가. 알 수도 없는 신의 담금질에 외마디 고통의 소리도, 원망할 겨를도 없이 추었던 춤. 역신이 범한 아내를 보고도 처용이 그저 춤을 출 수밖에 없었듯이 그렇게….

김은정

노란 꽃잎이 자신을 스쳐 지나가는데, 푸른 꽃병은 아무 말이 없다.

시계

너는 자고 나는 깨어 있다

 11시 59분. 내 알람 시계는 하루에 두 번 정확히 이 시간에 울린다. 첫 번째 알람이 울렸다. 나는 여전히 눈을 감은 채로 귓가에 닿는 초침 소리를 흘려보냈다. 두 번째 알람이 울렸다. 너는 말했다. 시침과 분침이 제일 가까워지는 이 시간이 좋다고. "다정해 보이잖아, 우리처럼." 네가 산이불을 걷어내고 커피를 마시기 위해 싱크대 위 선반을 열었다. 여행에서 돌아올 때마다 공항 안 카페에서 하나씩 사 오던 머그잔이 어느새 선반을 가득 채웠다. 네가 좋아하던 노란색으로 가득한, 네가 제일 좋아하는 나라 스페인에서 사 온 머그잔을 꺼내 커피를 내렸다.

 오늘처럼 추운 날에는 내리쬐는 태양이 뜨거워 견딜 수 없던 말라가에 가고 싶다. 한여름에 남부로 여행 가는 건 미친 짓이라며 리오하로 가서 와인이나 마시자던 나에게 너는 스페인을 온전히 느끼기 위해서는 가장 더울 때 가장 뜨거운 곳으로 가야 한다고 말했다. 그렇게 떠난 말라가에서 우리는 가장 뜨거운 순간을 만났다. 말라게 타 해변의 작열하는 태양 아래 노란색 비치타월을 편 채 나는 책을 읽었고 너는 끊임없이 수영했다. 그러다 지치면 시원한 맥주를 마시고 또 마셨다. 취기가 올라 호텔로 들어가려는 나를 붙잡으며 너는 지평선을 가리켰다. 순간 세상을 온통 핑크빛으로 물들이며 노을이 지기 시작했다. 우리는 넋을 놓고 멍하니 하늘과 바다를 번갈아 바라보았다. 마침내 해가 완전히 저물어 어두워졌을 때 말없이 서로의 손을 잡았다. 내 생에 가장 뜨겁고 고요한 순간이었다.

세 번째 알람이 울렸다. 아니 어쩌면 네 번째 일지도. 나는 항상 내일을 말했고 너는 항상 오늘을 말했다. 나의 시계는 다가올 시간을 향했고 너의 시계는 수많은 순간을 의미했다. 존재 없는 너의 존재감은 네가 없어도 내 방 모든 것에서 존재한다. 11시 59분. 나는 하루에 두 번 너를 생각한다. 다정한 이 시간에 가장 다정했던 너를.

거울

나를 들여다보는 시간

 숫자로는 어려 보일지 몰라도 마음속의 고민은 깊은 무게를 지니고 있는 나의 나이 30대 중반. 어릴 적에는 결혼과 아이를 낳는 것을 행복의 전부로 여겼다. 하지만 그것이 현실로 다가오면서 점점 나는 빛을 잃었다.

 '내가 거울을 언제 보았더라?' 어릴 땐 셀카도 많이 찍고 거울에 비친 내 모습을 보면서 스스로를 예쁘다 칭찬하기도 했는데, 어느 순간부터 거울을 보면 무슨 일이 날 것처럼 피하기에 바빴다. 거울을 보기가 속상하고 무서웠다. 예전의 당당하고 빛났던 나는 세상에 없었다.

 어린 시절의 나는 언제나 어른이 되고 싶었다. 빨리 예쁜 옷을 입고, 화려한 화장을 하고, 회사도 다니면서 육아도 잘 해내는 멋진 여성이 되고 싶었다. 그런데 지금의 나는 그 소녀의 꿈과는 거리가 멀어진 것 같다. 눈가의 주름, 피부의 늘어짐, 머리카락 중간중간의 하얀빛들… 거울을 보면 현실이 내게 다가온다.

고은경

아이를 낳고 나서 변화가 더 크게 와닿았다. 아이를 키우는 동안에 모든 에너지를 아이에게 쏟아야 했다. 그러다 보니 자연스레 내 외모나 스타일에 대한 관심이 사라졌고 내가 더 이상 나 자신을 돌보지 않는다는 생각에 점점 무서웠다. 앞서나가는 나의 친구들, 후배들과 달리 아이를 낳고 매번 후줄근한 옷차림으로 집에만 있던 나의 표정은 점점 어두워졌다. 경력 단절 기간에 난 죽은 사람 같았다. 세상 밖으로 나가지 못하고 스스로를 가둬두었다.

그러다 문득, 아이들에게는 엄마로서 최선을 다해야 하지만, 나 또한 여전히 나 자신으로 남아 있어야 한다는 생각이 들었다. 나는 내 모습을 되돌아보고 다시 발견하고자 했다. 그 첫 단계가 거울 보기였다. 내가 바라보는 거울은 나 자신과의 대화가 되었다. 주름 하나하나는 내가 겪은 경험과 삶의 흔적이라는 생각에 자긍심을 주었고, 외모보다는 내면의 아름다움을 더 중요하게 생각하자는 결론에 도달했다. 나는 누구일까? 내가 진정으로 하고 싶은 것은 무엇일까? 나 스스로에게 다양한 질문을 하며 몰랐던 나를 알게 되었고, 있는 그대로의 나를 이해하게 되었다. 그리고 용기 내어 길었던 경력 단절에서도 벗어났다.

  사실 여전히 거울을 보면 예전의 파릇파릇했던 모습이 그립긴 하다. 하지만 그럴 때마다 나는 다시 나를 찾아낼 것이고, 내 가치를 깨닫기 위해 더 거울을 보려고 한다. 더 이상 거울이 두렵지 않을 때까지.

베개

엄마의 베개

 죽음의 시간을 겪고 나니 살아온 날들이 되짚어졌다. 이제 그런 시간이 나에게 온 것이다. 아프니까 애써 외면하고 묻어둔 채 지내왔지만, 어느 날 기억의 봉인이 무자비하게 해제되었다. 그것은 나의 시간만을 오롯이 되돌아보는 것이 아니라 또 한 사람, '엄마'라는 여자의 인생을 되돌아보는 시간이기도 했다.

 엄마와 나, 인생의 절반 이상이 불온한 날들이었다. '아버지'라는 공포에 시달렸던 엄마의 시궁창 같은 인생과 끔찍한 가난을 감당해야 했던 어린 내가 벅차고 안타까워 울었다.

 나는 얼마나 철이 일찍 들었던가. 낮 동안엔 한 줄기 햇살처럼 환히 웃고, 모든 것을 집어삼키는 어둠이 오고서야 비로소 마음껏 울 수 있었던 어른 같은 아이의 삶. 친구들은 내가 하도 밝아서 부잣집 딸인 줄 알았다는 어처구니없던 이야기도 들었다. 엄마의 인생이 불쌍해서 울었고, 내 삶 또한 엄마와 다르지 않을 것이란 불안함에 절망했던 날들. 아침에 일어나면 내 베개보다 더 축축했던 엄마의 베개에서 전해졌던 서늘한 온기는 늘 나를 따라다녔다.

 어느 날 엄마는 모진 세월의 안타까움을 묻어둔 채, 뒤돌아보지도 않고 갑자기 하늘나라로 가버렸다. 자신의 모든 것을 엄마한테 의지하며 살았던 아버지는 아직도 엄마의 부재를 믿고 싶어 하지 않는다. 하지만 나는 이제야 쇠사슬을 끊고 비로소 완벽한 자유를 누릴 엄마의 부재를 쉽게 받아들이기로 했다. 나는 그 버거웠던 어른 같은 아이의 삶을 벗어던지고 비로소 철딱서니 없는 어린아이가 된 것 같다.

 '그래, 엄마. 뒤돌아보지 말고 그렇게 가는 거야. 그곳에서는 꽃 같은 인생을 살아. 푹신하고 따스한 베개를 베고 따뜻하고 포근한 잠을 자. 그동안 엄마의 베개는 너무 서늘했어. 그게 난 몸서리치게 싫었고, 멍든 것처럼 늘 아팠거든.'

 엄마의 베개는 50년이란 세월이 흘러서야 비로

소 지극한 편안함에 이르렀다.

휴지통

공간의 뒷모습

30년간 사형수 교화 위원으로 활동한 양순자 님의 저서 『어른 공부』라는 책을 읽은 후부터, 집을 나설 때마다 지금이 내가 이 집에 머무는 마지막 순간일 수도 있다는 생각을 한다. 아침엔 죽음을 생각하라고 했던가, 오늘이 내 인생의 마지막 날일 수도 있다는 생각을 하면 그날을 대하는 나의 태도가 사뭇 달라진다.

나는 책을 읽으면 책의 내용 중 한 가지는 꼭 내 습관으로 만들고 있다. 그래서 장시간 집을 비울 때면 노년의 저자처럼 간소하게나마 집을 정리하고 나가는 습관을 들였다. 바닥에 어질러진 장난감과 흐트러진 쿠션을 제자리에 놓는다. 시간이 여유로울 땐 방마다 청소기를 돌리며 눈에 띄는 먼지와 머리카락을 청소한다. 음식물 쓰레기를 버린다. 마지막으로 각 방마다 채워진 휴지통을 비운다.

어질러진 게 바로 눈에 띄어 손이 가는 집 안의 다른 공간이나 사물들과 달리, 휴지통은 겉보기엔 참 깔끔하고 단정하다. 하지만 속은…… 말해 무엇하리! 휴지통은 겉을 아무리 깨끗이 청소해 봤자 큰 의미가 없다. 속을 비워야 비로소 청소를 했다고 볼 수 있는, 엉망진창인 휴지통 속까지 싹 비우고 나면 내 마음속도 한결 깨끗해진 기분이다.

정돈된 집 안을 쓱 둘러본다. 이 공간에 다시 돌아오는 매일의 기적을 바라며 나는 오늘도 정리를 하고 집을 나선다.

작가의 말

작가의 말 • 고은경

　방 안에 담긴 추억들은 나의 삶의 모든 것을 담은 소중한 보물 상자와도 같다. 방을 둘러보며 사물 하나하나를 곱씹어 보았다. 수많은 사물들은 단순한 사물 그 자체에 머물러 있지 않고, 각각이 나에게 특별한 추억들을 생각나게 했다. 가족과의 추억, 친구들과의 추억, 나 자신과의 추억까지. 이 모든 순간들은 날 슬프게도, 기쁘게도 했던 소중한 기억들이다. 방 안의 모든 사물들은 그저 사물일 뿐만 아니라, 나의 삶과 감정들을 담은 소중한 추억들의 증거이다. 좋은 일이 있을 때나 힘든 일을 겪을 때, 그때의 내가 느낀 감정들을 떠올리게 만든다. 그래서 난 나의 방을 과거의 추억과 현재의 삶이 어우러진 공간이라 부르고 싶다. 방 안의 다양한 사물들은 과거의 소중한 순간들을 담고 있고, 나에게는 과거를 회상하고 현재를 즐기며 미래를 꿈꾸는 소중한 시간을 만들어 주었다. 이 글을 읽고 있는 그대도 나와 같이 방 안의 사물들을 바라보며 소중한 시간을 가질 수 있기를 바라본다.

고은경 Instagram @bily_today

작가의 말 · 글_썽

평소에는 집안의 물건들이 한통속으로 보인다. 한 자리를 차지한 채 뚱하니 절대로 비켜주지 않으려고 텃세를 부린다. 진득한 '정'을 내세워서 고개 들어 오만도 부리는 그들. 오랜만에 먼지를 닦아내려고 하면 비로소 한통속이 갈래갈래 나뉜, 개성 만점 개별성을 가진 존재라는 것을 깨닫는다. 물건마다 사연이 새겨져 있다. 동거하게 된 뭉클한 배경도 있고, 한 번만 쓰고 버려야겠다는 다짐을 수십 번도 더 들은 채 묵묵히 참는 아이도 있다. 이건 가족이 좋아해서 그냥 두고, 저건 내가 편해서 마냥 좋고. 사연 없는 사람이 없다. "내가 살아온 이야기를 소설로 쓰면 시리즈가 될 거다."라며 오래 살아오신 어른들이 입버릇처럼 하신다. 집안에 소설 같은 이야기를 품은 사물들이 즐비하다는 것을 이 글을 쓰면서 알았다. 자세히, 오래 그리고 진심 어린 손길과 다정한 시선을 건네면 그들은 깊은 속내를 들려준다. 내 방의 사물들이 나의 혹은 우리의 시간들을 차곡차곡 꺼낸다.

글_썽 Blog @inyhunymom

작가의 말 · 김가슬

 매일 같은 공간에 존재하던 사물에 그동안 던지지 않던 눈길을 주었다. 마음속 깊숙이 쌓여 있던 추억을 떠올리며 때론 미소를 짓기도 때론 얼굴을 찡그리기도 했다. 한동안 만나지 못한 친구가 떠오르기도 했다. 사물에 대해 하나씩 글을 쓰니 그동안 쌓인 세월의 먼지를 털어내며 마음의 방을 청소한 기분이다.

 내 방의 사물들과 얽힌 기억을 하나씩 되짚으며 다시금 깨달은 건, 지금 이 순간도 함께 하는, 사랑하는 가족이 곁에 있다는 사실이다. 그 누구보다 사랑하는 아이들에게 고마움을 전한다. "엄마, 그냥 한 번 해봐~"라며 용기를 준 아이들 덕분에 올해 목표였던 책 출간의 문턱을 넘는다.

 마지막으로, 이 책을 읽는 당신이 일상의 무언가에 새삼 눈길이 닿아 자신을 발견하는 기쁨을 느낀다면, 또 누군가는 나처럼 용기를 낸다면, 그것만으로도 내겐 큰 기쁨이겠다.

작가의 말 • 김은정

  내 방엔 없는 사물에게 말을 건다. 가령, 엄마의 베개, 다락방 창문, 노란 프리지어가 꽂힌 꽃병 같은. 내 방엔 없지만, 내 마음엔 빗물 같은 이미지로 남아 있는 것들. 오랫동안 묵혀왔고 외면해 왔던 기억을 끄집어내 '추억'이란 근사한 이름으로 포장해 보려 하지만, 이미 누군가에겐 아픈 유년의 상처일 뿐. 잘 아물어보려 애쓰는 중이다. 내 안의 처절한 사투를 치른 후, 그때 다시 네게 말을 걸고 싶다. 그때는 다정하게, 너를 안아주고 싶다. 잘 지냈냐고, 그리고 오랫동안 모른 척해서 미안했다고.

작가의 말 • 나리

 어쩌면 아주 사소한 이야기가 될지도 모른다. 어느 휴일 아침에 잠에서 깨 문득 주위를 돌아보니 방 안에 있는 물건들이 나로 인해 조금씩 낡았음을 느꼈다. 어떤 사물은 너무 낡아서 본래의 형태가 기억나지 않는 것도 있었고 어떤 것은 산 지 얼마 안 되어 낯설기도 했다.

 사물을 보면 그것을 사용하는 이가 어떤 사람인지 짐작할 수 있다. 내 방의 사물들은 조금 또는 많이 나와 닮아 있었다. 나의 조각들은 각자의 역할을 충실히 수행하며 서로와 공존해 왔다. 그렇다면 나를 위해 존재하는 나의 사물들에 나는 얼마나 다정했나. 방에 들어오는 순간부터 쓰임을 받기 위해 오직 나만을 바라보는 그들에게 한 번이라도 고마움을 표시한 적이 있었나.

 이 책은 그들에게 건네는 서툰 악수이다. 세상에서 가장 다정하고 싶은 몸짓이다. 부족한 주인이지만 오래도록 같이 살고 싶다. 수많은 고난과 시련에도 여기 이 방에 그들과 함께 존재할 수 있어서 다행이다.

 내 방 안에는 수많은 내가 있다.

나리 Instagram @nar_pull_my_weight

작가의 말 • 다나 아람다리아 이솔

 2019년 여름, 친구는 탄소중립 실천을 위해 한동안 비행기를 이용하지 않겠다고 했다. 그녀에게 말하지는 않았지만 그 결심은 비현실적으로 들렸다. 하지만 그해 겨울, 미국으로 돌아갈 예정이었던 나는 코로나로 잠시 쉬고 있던 한국에서 계속 머물게 되었고 그 '잠시'는 4년이 되어버렸다. 그 사이 미국에서 사사 받고자 했던 선생님께서 돌아가시는 등 작업과 배움에 차질이 없었던 것은 아니다. 하지만 비행기를 타고 대륙을 오가지 않고도 여전히 많은 것이 가능했다. 십여 회의 전시를 하고, 미루어왔던 『까라마조프가의 형제들』과 『율리시스』를 읽고, 한국에 오면 꼭 공부하고 싶었던 인문학당 감이당에서 새로운 배움의 세계와 접속할 수 있었다.

 그녀의 말에 눈을 동그랗게 뜨고 당연하다는 듯, '그건 불가능해! 너무 비현실적이야!'라고 반응했던 내 모습을 잊을 수 없다. 도대체 무엇이 불가능하고, 무엇이 비현실적인 것일까? 지금 이 순간에도 스스로 만들어 놓은 가능과 불가능의 경계에 함몰되어 놓치고 있는 것은 없을까?

다나 아람다리아 이솔 Instagram @lightwithin.dana

작가의 말 • 이소정

　30일 동안 내 물건들을 통해 나를 돌아보는 시간을 가졌다. 내 방안에는 내 물건으로 가득 차 있었고, 그 물건들도 곧 나라는 것을 느낄 수 있는 시간이었다. 때로는 물건에 비추어진 나를 떠올리기가 쉽지 않기도 했지만, 그건 부정하고 있는 나의 모습일지도 모르겠다. 내 모든 모습을 인정해 주자 생각하니 내가 보인다. 이 책을 본 누군가도, 내 방 안에 있는 물건을 바라보며 자신을 떠올리길. 어떤 새로운 모습을 발견할지도 모른다.

　나는 사실 내면의 이야기를 잘 꺼내지 않는다. 부끄럽기도 하고, 낯설기도 하고, 어색하기만 하다. 그런 내면의 이야기를 물건을 통해 꺼냈다. 내면의 말을 글로 풀어쓰려니 잘 표현되지 않기도 했지만 하루, 이틀, 계속하다 보니 이 또한 적응된다. 처음엔 어색하지만, 계속 연습하다 보면 익숙해지는 그 순간이 오니, 자신의 마음을 표현하는 연습을 해야 한다. 그리고 누군가에게 그 마음이 닿기까지 기다린다.

작가의 말 · 이지이지

  밝은 컬러로 슬픈 그림을 그리고 슬픈 컬러로 밝은 그림을 그리고 싶다. 예술을 꿈꾸고 시각적 조화를 추구하는 그래픽디자이너가 처음으로 글을 써 본다.
  나에게 글은 배열, 비율을 생각하는 그림의 한 부분이었다. 방 안의 한 단어로 생각과 내면을 풀어내기에는 표현이 서툴고 힘들었다. 한 단어의 방 안 가득한 물건을 하루 종일 생각하고 생각했다. 물건을 통해 사람을 생각하고 나를 생각한다. 그 안에 담지 못한 여러 생각을 할 수 있어 행복했다.
  방 안에 쌓이고 쌓인 물건들로 풀어나가는 나의 소중한 흔적이 되길 바라본다. 참 쉽고 어려운 한 단어의 방 안 물건들은 일상을 생각하고 추억을 되새겼다. 그림을 그리듯 조화롭고 아름다운 단어들로 언제 읽어도 좋은 글을 위해 한 걸음 나가본다. 차곡차곡 나의 기록이 되어 어느 날 빛이 나길.

이지이지 Instagram @lyrical_ldyllic

작가의 말 • 전지적 아아

  새삼 방에 수많은 명사가 존재한다는 것을 깨달았다. 그리고 그 명사는 동사가 되기도, 형용사가 되기도 했다. 아니, 과거이자 현재이며 미래이고 싶은 명사였다. 수많은 명사를 돌아보면서 이 존재들이 나에게 맞춰서 일그러져 있다는 것을 깨닫고는 미안하면서 고마웠다. 내 방이 안락한 것은 나에게 딱 맞춰진 공간이기 때문이었고, 그것은 내가 지내는 공간이 나에게 맞춰지기 위해 노력해 준 덕분이었다. 그런 상대의 배려 덕분에 잠시나마 돌아와서 쉴 수 있는 곳이 생겼다.

  잠시 쉬면서 주변을 다시 둘러본다. 자주 쓰는 물건도, 있는지도 몰랐던 물건도 있었다. 그래도 어떤 물건이든 잠시만 생각하면 그것과 얽힌 내 기억이 문득 스쳐 지나갔다. 좀 더 붙잡고 싶은 기억이면 그 자리에 철퍼덕 앉아 들여다보며 웃고 울었다. 그리고 다시 둘러본다. 내가 여기 있었다는 것이 확 와닿았다. 앞으로도 내 기록이 여기에 흔적으로 남을 것이다. 더 많아지기 전에 잠시 글자로 그 기록을 옮겨본다.

전지적 아아 Blog @nonennom

| 내 방에 나를 두고 왔다
| 닫는 글

 작은 방에는 내 숨결이 언제나 가득하다. 나의 또 다른 세계인 나를 닮은 방에 내 숨결이 머무는 것은 어쩌면 당연하다. 보물창고처럼 추억이 보물이 되어 숨어 있는 집과 방의 물건들을 하나씩 꺼내면 내 기억도 하나씩 소환된다. 어제의, 오늘의, 그리고 내일의 순간들이 이곳에 머물며, 나를 비춘다.

 이 책은 아홉 명이 각자 다른 스물여덟 가지의 사물에 대한 기억을 엮었다. 소파, 책상, 비상 상비약, 일기장, 충전기, 의자, 잠옷, 창문, 책, 청소기, 장롱, 향수, 달력, 인형, 빗, 사진, 바닥 매트, 스피커, 조명, 커튼, 옷, 머그잔, TV, 꽃병, 시계, 거울, 베개, 휴지통의 이야기가 담겼다.

생각이 방을 가득 채운 내면의 방 속으로 누군가를 초대해 나누며 사물, 그리고 추억과 함께 존재함에 깊이 생각했다. 우리는 서로의 기억 공간을 유영하며, 퍼즐처럼 우리만의 공간을 만들었다. 방은 지극히 사적인 곳이고 타인이 아닌 오직 나를 위한 공간이지만 이제는 모두와 소통하는 그런 공간이 되었다.

우리의 이야기를 통해 당신도 자기 방의 구석구석을 살피며 추억의 보물을 발견하길 바란다. 함께 머물며 존재했던 이야기들이 머릿속을 유영하길 바란다. 그렇게 쌓인 이야기가 많아지면 당신의 방 이야기도 들려주길. 그 방에 나를 초대해 주길.

고은경, 글_썽, 김가슬, 김은정, 나리
다나 아람다리아 이솔, 이소정, 이지이지, 전지적 아아

사물과 함께 존재함에 관하여

내 방에 나를 두고 왔다

내 방에 나를 두고 왔다

1판 1쇄 발행 │ 2024년 6월 1일

지은이 │ 고은경, 글_썽, 김가슬, 김은정, 나리
다나 아람다리아 이슬, 이소정, 이지이지, 전지적 아아

편집.디자인 │ 새벽감성
발행인 │ 김지선
펴낸 곳 │ 새벽감성, 새벽감성1집

출판등록 │ 2016년 12월 23일 제2016-000098호
주소 │ 서울 양천구 월정로50길 16-8, 1층 새벽감성1집
이메일 │ dawnsense@naver.com
블로그 │ blog.naver.com/dawnsense
인스타그램 │ @dawnsense_1.zip

*책값은 표지에 있습니다.
*잘못된 책은 구입처에서 교환해 드립니다.
*이 책의 사진과 글의 전부 또는 일부를 발췌하거나 인용하려면
 반드시 새벽감성 출판사의 동의를 얻어야 합니다.